KB190388

세포의
세계는
굉장해

짠!

앉은자리에서
뚝딱 끝낼 수 있는
과학 시리즈가 여기 왔다!

짧고 굵고 빠삭하게, 최신 과학을 과자처럼

오늘도 가볍게
완독!

과거에서 미래까지,
생명의 비밀을 풀어 줄

세포 탐험을
떠나 보자!

차례

1장

세포 없이는 우리도 없어

#세포　#조직　#기관
#대사 과정　#DNA　#세포의 구조

틈새 토론

2장

현미경이 발견한 개성 만점 세포들

#현미경 #생물학 #미생물

#원핵세포 #진핵세포 #바이러스

틈새 토론

3장

노벨상으로 보는 세포의 역사

#세포 생물학   #세포 분열   #모델 생물

#세포 주기   #자가포식

틈새 토론

4장

줄기세포가 만능 치료제라고?

#배양육   #줄기세포   #유전자 편집

#체세포 복제   #오가노이드

틈새 토론

1장

세포 없이는 우리도 없어

#세포   #조직   #기관

#대사 과정   #DNA   #세포의 구조

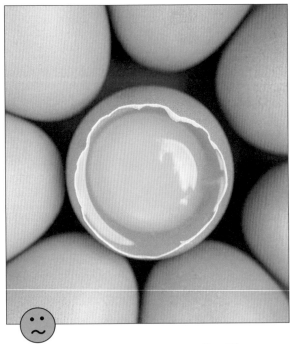

하나의 세포로 이루어진

달걀노른자

그거 알아? 달걀노른자가 사실

'하나의 커다란 세포'라는 거!

보통 세포는 현미경으로 봐야 할 만큼

작지만 달걀은 눈으로 보일 만큼 큰 거야.

그러니까 우리가 달걀을 먹을 때는

세포 하나를 통째로 먹는 거지!

생명체의 기본 단위

세포는 알고 보면 우리 주변 어디에나 존재해. 우리가 일상에서 쉽게 접하는 많은 것이 세포로 이루어져 있다는 걸 알면 정말 놀랄 거야. 햄버거를 생각해 보자. 햄버거에 들어가는 양상추와 양파도 세포로 이루어져 있어. 물론 소고기 패티도 마찬가지야. 식물의 잎과 뿌리, 그리고 동물의 근육과 지방은 모두 세포라는 기본 단위로 구성되어 있다는 걸 알 수 있지.

그럼 빵은 어떨까? 빵은 밀가루로 만드는데, 밀가루는 밀의 씨앗에서 껍질을 벗기고 곱게 갈아서 만든 거야. 이 밀의 씨앗도 사실 세포로 이루어져 있어. 이렇게 만든 밀가루에 버터나 달걀 같은 재료를 섞어서 반죽을 만들고, 그걸 구우면 빵이 되는 거지.

여기서 잠깐! 달걀도 한번 생각해 보자. 놀랍게도 달걀노른자는 하나의 커다란 세포야. 여러 개의 세포가 모여 있는 게 아니라, 통째로 하나인 거지. 보통 세포는 눈에 보이지 않을 만큼 작잖아? 그런데 이렇게 큰 세포도 있다는 게 참 신기하지. 우리가 먹는 음식도, 우리 몸도

전부 이런 세포들로 이루어져 있다는 걸 생각하면 진짜 놀라워.

이제부터 세포란 무엇이고, 세포의 세계가 얼마나 다양한지 하나씩 알아볼 거야. 세포는 모든 생물체를 이루는 기본 단위이자, 생명 현상의 출발점이 되는 아주 중요한 존재야. 세포의 구조나 기능은 물론, 세포끼리 어떻게 서로 소통하고 협력하는지도 알아 두면 생명과학을 공부하는 데 큰 도움이 될 거야.

너희도 웹툰 많이 보지? 혹시 드라마로도 만들어진 〈유미의 세포들〉은 알아? 이 작품은 재미있는 이야기일 뿐만 아니라, 우리가 일상에서 느끼는 여러 감정을 세포 캐릭터들로 표현한 게 신선했어. 아직 안 본 친구들도 있을 테니까, 간단하게 설명해 줄게.

〈유미의 세포들〉에서는 주인공 유미의 머릿속에 사는 세포들이 등장해. 이 세포들은 각자 성격도 다르고 역할도 제각각이야. 예를 들면 '사랑 세포', '감성 세포', '이성 세포', '출출 세포', '패션 세포', '지름신 세포' 같은 세포들이 있어. 이 세포들이 유미의 감정과 행동에 영향을 주면서, 유미랑 같이 성장하는 모습을 보여 주는 거지.

그런데 과연 현실에서 가능한 이야기일까? 물론 우리가 흔히 말하는 '연애 세포' 같은 건 실제로 존재하지 않아. 진짜로 이런 세포가 있다고 믿는 사람은 없겠지만, 우리 몸이 세포로 이루어져 있다는 건 분명한 사실이야. 이 세포들이 모여서 조직과 기관을 만들고, 그 기관들이 서로 힘을 합쳐 우리 몸의 생명 활동을 유지하는 거지. 그러니까 〈유미의 세포들〉의 설정이 완전히 엉터리라고는 할 수 없어.

조직과 기관이 뭔지는 뒤에서 더 자세히 알려 줄게. 우리 몸속에서 세포들이 어떻게 작용하는지 알고 나면, 〈유미의 세포들〉이 왜 이렇게 재미있고 흥미로운지도 이해하게 될 거야.

세포는 어떻게 우리가 될까?

'구글 트렌드' 같은 빅데이터 분석 서비스에서 '세포'를 검색하면 어떤 결과가 나올까? 〈유미의 세포들〉도 보이지만, 그 외에도 '줄기세포', '세포 배양', '세포 분열', '세포 치료제', '식물세포', '동물세포', '세포 호흡' 같은 연관 검색어들도 쭉 따라 나와. 이걸 보면, 현대 의학과 생명과학에서 세포가 얼마나 중요한지 확 느껴지지?

'식물세포', '동물세포', '세포 호흡' 같은 단어들은 학교 생물 시간에 자주 배우는 내용이니까 검색어 순위에 올라와도 그리 놀랍진 않아. 그런데 '줄기세포', '세포 배양', '세포 치료제' 같은 단어들은 현재는 물론, 미래 의학 발전과도 깊은 관련이 있어서 더 많은 사람의 관심을 받고 있어.

세포는 우리 몸을 이루는 기본 단위라고 했지. 그렇다면 세포 하나를 장난감 블록 하나로 생각해 볼까? 블록을 어떻게 맞추냐에 따라 성도 되고, 우주선도 되고, 집도 되잖아. 그럼 세포를 모으기만 하면 심장이 되고, 위가 되고, 뇌가 될까? 결코 그렇지 않아. 여러 세포를 모은다고 해서 특정 기능을 하는 기관이 되지는 않아.

여기서 세포·조직·기관의 관계를 이해하고 넘어가자. 세포들이 모여서 조직을 만들고, 그 조직이 모여서 세포 → 조직 → 조직계 → 기관 → 기관계 → 개체 이렇게 흐름이 이어져.

그런데 여기서 중요한 점! 식물과 동물의 구조는 약간 달라. 식물에는 기관계가 없고, 동물에는 조직계가 없거든. 이런 구조 차이를 알면, 생물마다 몸을 이루는 방식이 조금씩 다르다는 것도 이해할 수 있어. 세포는 생명체를 이루는 기본 단위일 뿐만 아니라, 생명체가 얼마나 다양하고 복잡하게 구성되어 있는지도 알려 주는 중요한 요소라는 거! 이 부분 꼭 기억해 둬.

실제로 식물의 구조는 정말 복잡하고 정교해. 먼저, 표피세포들이 모여서 표피조직을 이루는데, 이 표피조직은 식물의 가장 바깥쪽을 감싸서 잎·줄기·뿌리를 보호하는 역할을 해. 이런 표피조직들이 모여서 표피조직계가 되고, 이 표피조직계는 기본조직계·관다발조직계와 협력해서 식물의 다양한 기관을 만들어.

예를 들어, 잎은 광합성으로 에너지를 생산하고, 줄기는 영양소와 수분을 전달해. 뿌리는 흙에서 물과 영양소를 흡수하는 역할을 하지. 이렇게 각 기관이 유기적으로 연결되어 작용하며 하나의 식물 개체를 이루는 거야.

세포들의 상호작용

그럼 어떻게 세포가 사람의 몸을 구성할까? 먼저, 근육세포가 모여 근육조직을 만들고, 이 근육조직을 포함한 여러 조직이 모여 심장 같은 기관을 만들어. 심장은 혈관과 함께 순환계를 이루면서 온몸에 산소와 영양소를 보내는 역할을 하지. 우리 몸에는 심장뿐만 아니라, 위·폐·신장·뇌 같은 다양한 기관들이 있어. 그리고 이 기관들은 서로 관련된 기능에 따라 소화계·순환계·호흡계·배설계·신경계 같은 기관계로 나뉘어지는 거야.

각 기관은 그냥 똑같은 세포들로만 이루어진 게 아니야. 기관마다 하는 일이 다르니까, 그 일을 맡은 다양한 세포들이 모여서 팀을 이뤄. 그리고 이 세포들은 자기 할 일만 하는 게 아니라, 서로 끊임없이 소통하고 협력하면서 기관 전체가 제대로 기능하도록 도와.

이렇게 세포들이 힘을 합치면서 개별 세포 하나하나는 할 수 없는 새로운 기능이 생겨나기도 해. 이런 현상을 '창발성'이라고 불러. 쉽게 말하면, 작은 조각들이 모여서 '와! 이런 기능도 가능하네?' 같은 새로운 특성이 나타나는 거지.

그리고 창발성과 비슷하지만 조금 다른 개념이 있어. 바로 '떠오름 현상'이야. 이건 어떤 원리나 조건이 있으면 그 결과가 반드시 따라오는 현상을 말해. 예를 들면, 빛이 있으면 그림자가 생기는 것처럼 말이야. 창발성은 '새로운 특성'이 생기는 거고, 떠오름 현상은 '반드시 따라오는 결과'라는 점이 다르다고 보면 돼.

창발성을 잘 보여 주는 예로, 아프리카 초원에 서식하는 흰개미 집단을 생각해 보자. 흰개미는 알에서 태어난 후 여왕개미·수개미·병정개미·일개미 등으로 역할이 나눠져. 이 다양한 개미들이 모여서 하나의 큰 집단을 이루는 거지. 사실 개미 한 마리만 보면 그렇게 똑똑한 건 아니야. 하지만 이 개미들이 각자 맡은 일을 열심히 하면서 서로 소통하고 협력하다 보면, 혼자서는 절대 할 수 없는 놀라운 일이 가능해져. 예를 들어, 흰개미들은 기온을 조절하는 집을 짓고, 그 안에는 애벌레 먹이가 되는 버섯을 키우는 방까지 만들어.

이런 복잡한 사회 구조와 기능이, 사실은 개미 한 마리의 능력이 아니라 개미 집단 전체가 힘을 합쳐 만들어

낸 결과라는 거야. 이처럼 개미 한 마리 한 마리의 단순한 행동이 모여서 집단 전체가 가진 새로운 능력과 특성이 나타나는 게 바로 창발성이야.

세포도 사실 흰개미랑 비슷해. 각각의 세포가 자기 할 일을 성실하게 해내면서, 동시에 주변 세포들과 끊임없이 소통하고 협력해. 그래야 우리 몸 전체가 제대로 돌아갈 수 있거든. 이렇게 세포들이 서로 연결돼서 구조를 이루고, 기능적으로 힘을 합쳐야만 인간을 비롯한 모든 생명체가 살아갈 수 있어.

그러니까 우리가 내릴 수 있는 결론은 바로 이거야. "세포는 구조적·기능적으로 우리 몸을 이루는 기본 단위다." 이 정의는 교과서나 백과사전에도 꼭 나오는 내용이고, 생명체를 이해하는 데 가장 기초가 되는 중요한 개념이야.

몸 안의 작은 방

세포는 영어로 뭘까? 맞아, 'cell'이야. 사전을 찾아보면, '작은 방'이라는 뜻이 나와. 이 단어는 라틴어 'cella'에서 유래했는데, 'cella'는 원래 '작은 방'을 의미했대. 그럼 왜 세포에 이런 이름이 붙었을까? 그건 세포가 생명체를 이루는 정말 작은 단위이기 때문이야.

우리 일상에서도 cell이라는 단어와 관련 있는 물건이나 표현이 꽤 많아. 한번 찾아볼까? 먼저 와인 냉장고인 와인셀러wine cellar가 떠오르네. 여기서 'cellar'는 지하 창고를 의미해. 와인을 보관하는 작은 공간을 가리키는 말이야. 이밖에도 휴대폰은 영어로는 'cellular phone'이라고 해. 이것도 원래는 작은 통신 구역, 그러니까 셀(cell) 단위로 신호를 주고받는다는 뜻에서 나온 말이야. 심지어 감옥 독방도 'prison cell'이라고 부르잖아. 이렇게 보면, cell이라는 단어는 진짜 다양한 상황에서 '작은 공간'이나 '칸막이 방' 같은 의미로 쓰이고 있어.

그럼 '세포'라는 말을 가장 먼저 사용한 건 누구일까? 1665년 영국의 과학자 로버트 훅이 처음이야. 훅은 영국 왕립학회 회장을 역임한 매우 유명한 인물이지. 게다가 그는 인류 역사상 가장 위대한 과학자로 불리는 아이작 뉴턴이랑 라이벌처럼 경쟁하던 사이로도 유명해. 두 사람은 각자 세상을 바꿀 만한 발견을 하며 과학 발전에 크게 기여했지.

훅은 1590년 네덜란드에서 어느 안경사가 최초로 발명한 현미경을 발전시키는 데 힘썼어. 그때만 해도 현미경은 지금처럼 흔한 도구가 아니었거든. 하지만 훅은 현미경으로 벼룩·곰팡이·광물 등을 관찰하기 시작했어.

그러던 어느 날, 그는 코르크의 단면을 살펴보다가 그 속에 있는 미세한 구멍들을 발견했어. 훅은 이 구멍들을 'cell', 다시 말해 '작은 방'이라고 불렀는데, 사실 세포벽이었어. 세포가 생물의 기본 단위라는 사실은 알지 못했지. 결국 지금 우리가 세포를 'cell'이라고 부르는 건, 이렇게 작은 우연에서 시작된 거야. 알고 보면 진짜 흥미롭지?

또 재미있는 사실 하나! 우리가 지금 쓰는 '생물학 biology'이라는 단어는 1736년 스웨덴 과학자 칼 폰 린네가 쓴 책에서 처음 등장했대. 이 말은 곧, '세포'라는 단어가 생물학이라는 학문 이름보다 먼저 생겼다는 뜻이야.

만약 훅이 코르크 대신 다른 물질을 관찰했더라면, 세포는 지금과는 다른 이름으로 불렸을 수 있어. 만약 훅이 동그란 세포를 먼저 봤다면, 라틴어로 동그라미를 뜻하는 'circulus'에서 따와서 'circu' 같은 이름이 붙었을 수도 있어.

　그렇다고 훅이 세포의 중요성을 바로 밝혀낸 건 아

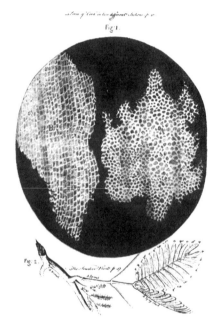

코르크 단면 스케치

니야. 훅이 세포를 발견한 뒤로도, 세포가 생명의 기본 단위라는 사실을 제대로 증명하기까지는 시간이 꽤 걸렸거든. 그다음 중요한 역할을 한 사람들이 바로 독일의 생리학자 테오도어 슈반과 식물학자 마티아스 슐라이덴이야.

이 두 사람은 살아 있는 식물세포와 동물세포를 직접 관찰하고, "모든 생물체는 세포로 이루어져 있고, 세포가 생물의 기본 단위다"라는 중요한 주장을 내놓았어. 그리고 독일의 생리학자 루돌프 피르호가 "모든 세포는 기존의 세포에서 나온다"는 내용을 추가하면서 우리가 지금 배우는 세포설이 완성된 거지.

이런 중요한 발견들이 모여서 현대 생물학의 기초가 된 거야. 그리고 세포는 지금까지도 생물학 연구의 중심 개념으로 자리 잡고 있어.

이렇게 세포는 생명체의 구조적 단위이면서, 동시에 기능적 단위라는 점이 확실해진 거지. 그래서 모든 생명 현상을 이해하려면 반드시 세포를 알아야 해. 세포 연구는 지금도 생물학에서 정말 중요한 분야야. 생명체가 얼마나 복잡하게 이루어져 있는지, 또 생명 현상이 어떻게 일어나는지를 밝혀내는 데 세포 연구가 빠질 수 없거든.

이렇게 세포를 더 깊이 연구하는 과정이 오늘날 생명과학 발전에도 크게 기여하고 있는 거야.

그래서 세포가 뭐라고?

세포가 방처럼 생겼다는 건 이제 알겠어. 그럼 세포는 대체 뭘까? 이 질문에 답하려면 먼저 무생물과 생물의 차이를 알아야 해.

　무생물은 스스로 에너지를 얻거나 에너지를 다른 형태로 바꾸는 대사 활동을 하지 않아. 또, 무생물은 주변 환경이 바뀌어도 그걸 느끼거나 반응하지 못하고, 스스로 자라거나 변하는 일도 없지. 그래서 시간이 지나도 그 모습 그대로 남아 있어.

　반면에 생물은 대사 활동을 통해 스스로 에너지를 얻고, 그 에너지를 다른 형태로 바꿔서 쓸 수 있어. 주변 환경이 바뀌면 그 변화에 반응할 수도 있지. 그리고 생물의 가장 큰 특징 가운데 하나가 성장이야. 이 모든 과정은 살아 있는 덕분에 가능한 거고, 세포가 있어야 생물다운 특성들이 나타날 수 있어. 생물체는 세포로 이루어지고, 세포가 생물의 기본 단위라고 했지? 결국 세포가 제대로 기능해야 비로소 생명체가 환경에 적응하고 성장할 수 있는 거야.

잘 이해가 안 된다면, 우리 주변에서 무생물과 생물을 다섯 개씩 찾아볼래? 예를 들어, 교실이나 집을 둘러보면 무생물로는 책상·공책·지우개·책·시계 등이 있어. 이런 것들은 스스로 움직이거나 자라지 않고, 그냥 그 상태 그대로 있어. 생물로는 사람·강아지·물고기·모기·파리 등이 있지. 눈치챘겠지만 이들은 다들 크기도 커지고, 환경 변화에도 반응하면서 살아가.

특히 대사 과정은 눈으로 직접 보긴 어렵지만, 우리가 밥을 먹고 힘을 내는 걸 생각해 보면 이해가 쉬울 거야. 그리고 성장도 하루아침에 보이지 않지만, 어릴 때 사진이랑 지금 모습을 비교해 보면 얼마나 많이 변했는지 금방 알 수 있지.

자, 다시 정리해 보자. 책상은 대사 활동이 없고, 다른 교실로 옮겨도 아무런 반응이 없어. 시간이 지나도 책상의 크기가 커지거나 작아지지도 않지. 이런 특성은 책상이 무생물임을 보여 줘.

　　반면에 강아지는 완전히 다르지. 강아지한테 밥을 주지 않으면 에너지가 부족해서 기운이 없어져. 또, 강아지를 부르면 쪼르르 달려오잖아. 이런 게 바로 생명체가 보이는 반응이야. 시간이 지나면서 강아지가 점점 자라는 것도 생물만이 가진 중요한 특징이지. 어때, 이제 생물과 무생물의 차이를 확실히 알겠지?

　　그럼 여기서 궁금해질 거야. 우리가 성장했다는 건 과연 세포의 크기가 커진 걸까, 아니면 세포의 수가 늘어난 걸까? 정답은 세포의 수가 늘어나는 거야.

　　작은 생쥐와 큰 코끼리를 비교해 보자. 이들은 세포 하나하나의 크기 차이보다 세포의 수에서 큰 차이가 나. 세포 수를 직접 측정한 적은 없지만, 생쥐와 코끼리의 무게를 비교하면 1만 배 정도 차이가 난다고 해. 이 사실에서 우리는 세포 수 역시 대략 1만 배 차이가 난다는 걸 알 수 있어.

　　흥미로운 점은 이들의 무게와 상관없이 세포 크기는 비슷하다는 거야. 물론 다양한 종류의 세포가 존재하고 크기도 제각각이지만, 포유류인 생쥐·사람·코끼리의 평균 세포 크기는 0.001mm 정도야.

그렇다면 왜 생물체는 세포의 크기를 키우기보다 세포의 수를 늘리는 방향으로 진화했을까? 단순하게 생각하면 세포 하나가 여러 기능을 하거나, 아예 세포 크기를 크게 해서 적은 수의 세포만으로 구성하면 더 간단하고 효율적일 것 같잖아. 이 질문에 대한 답은 면적과 부피의 관계에서 찾을 수 있어.

지금으로부터 400여 년 전, 이탈리아의 과학자 갈릴레오 갈릴레이는 자신의 책《새로운 두 과학에 대한 논의와 수학적 논증》에서 "면적은 길이의 제곱에 비례해 커지고, 부피는 길이의 세제곱에 비례해 커진다. 그러므로 생물이 너무 커지면 형태를 유지하기 어렵다"라고 설명했어.

사실 이 원리는 생물의 몸을 이루는 세포에서도 똑같이 나타나. 세포가 커지면 면적에 비해 부피가 훨씬 빨리 증가해. 그럼 세포를 유지하기 어려워지기 때문에 세포가 여러 개로 나뉘는 게 더 효율적이야. 세포가 여러 개라면, 각 세포는 상대적으로 부피가 작아 형태를 유지하기 쉽고, 대사 과정도 원활하게 이루어질 수 있어. 다시 말해 세포의 수를 늘리는 게 생물이 생존하는 데 더 유리

한 선택인 거지.

이런 과정을 이해하면, 자연에서 생물이 어떻게 진화하고 적응해 왔는지를 더 깊이 있는 시각으로 바라볼 수 있어.

세포는 왜 작을까?

재밌는 실험을 하나 해보자. 가로, 세로, 높이가 각각 1cm인 투명한 젤리를 준비해서 식용색소에 담가 보는 실험이야. 교과서에도 많이 나오는 실험이야. 실험을 진행하기 전에 먼저 생각해 보자. 젤리를 식용색소에 담갔다가 5분 후에 꺼내서 반으로 자르면, 과연 색소가 젤리의 한가운데까지 물들어 있을까? 이 실험은 색소가 젤리 속으로 얼마나 잘 스며드는지 알아보는 거야.

먼저, 젤리의 겉넓이(면적)와 부피를 계산해 보자. 젤리는 정육면체니까 가로 1cm, 세로 1cm, 높이 1cm의 여섯 개의 면을 모두 고려해야 해. 따라서 겉넓이는 1cm×1cm×6으로 계산하면 6cm²가 되겠지. 부피는 1cm×1cm

×1cm로 계산하면 1cm³가 되고.

그렇다면 이 젤리의 가로, 세로, 높이를 각각 2cm로 늘리고, 동일하게 20분 동안 식용색소에 담갔다고 할 때 과연 색소가 젤리 한가운데까지 도달할까?

가로, 세로, 높이를 2cm로 잡고 겉넓이를 계산하면 2cm×2cm×6으로 24cm²가 되지? 이때 부피는 2cm×2cm×2cm로 계산해서 8cm³가 될 거야. 앞의 젤리와 비교하면 면적이 6cm²에서 24cm²로 4배 늘어나고, 부피는 1cm³에서 8cm³로 무려 8배 늘어난 거야.

여기서 중요한 포인트! 겉넓이는 색소가 들어갈 수 있는 '입구' 같은 거고, 부피는 색소가 퍼져야 하는 실제

구분	가로 1cm, 세로 1cm, 높이 1cm	가로 2cm, 세로 2cm, 높이 2cm
색소로 물든 젤리		
겉넓이	6cm²	24cm² (4배 증가)
부피	1cm³	8cm³ (8배 증가)
겉넓이/부피	6/1=6	24/8=3 (1/2로 감소)

겉넓이와 부피의 관계

'내부 공간'으로 볼 수 있어.

　실험 결과는 어땠을까? 큰 젤리는 바깥쪽은 잘 물들었지만, 가운데까지는 색소가 잘 도달하지 못했어. 왜냐하면 부피는 확 늘어난 반면, 색소가 들어가는 통로(겉넓이)는 상대적으로 덜 늘어났기 때문이야. 다시 말해, 더 좁은 입구로 훨씬 더 많은 공간을 물들이는 상황이 된 거지. 당연히 색소가 가운데까지 퍼지는 데 시간이 오래 걸리고, 효율도 떨어지겠지.

　이제 이걸 세포에 대입해 보자. 젤리는 세포, 색소는 영양소나 산소라고 생각하면 돼. 세포의 크기가 너무 커지면, 세포 안쪽까지 영양소와 산소가 제대로 공급되기 어려워져. 그러면 세포는 대사를 제대로 못하고, 기능이 떨어지면서 결국 죽을 수도 있어. 세포는 각 부분이 제대로 기능하려면, 필요한 영양소랑 산소가 빠르고 골고루 퍼져야 하거든. 그래서 세포는 크기만 키우기보다는 세포 수를 늘리는 방향으로 진화한 거야. 이렇게 하면 각 세포는 작고 효율적으로 유지되는 게 가능해지고, 생명 활동도 원활해지는 거지.

　세포 크기에 대해 조금 더 설명해 볼게. 미국 프린스

턴대학교 연구진이 미국세포생물학회에서 발표한 내용을 보면, 세포 안에 있는 핵은 중력의 영향을 많이 받는다고 해. 세포 크기가 너무 커지면, 핵이 중력 때문에 원래 모양을 유지하기 어려워진다는 거야.

핵은 부모에게 물려받은 유전정보가 들어 있는 공 모양의 작은 공간이야. 세포의 모든 기능을 조절하는 '컨트롤 타워' 같은 역할을 하지. 그런데 이 핵이 망가지거나 찌그러지면 세포는 제대로 기능할 수 없고 살아남지도 못해. 당연히 자손도 남길 수 없고 말이야. 그렇게 되면 생명체 자체가 이어질 수 없는 심각한 상황이 벌어지는 거지.

한마디로 세포 크기와 핵의 안전은 생명의 지속과 직결된 중요한 문제라는 거야. 세포가 너무 크면 핵이 중력에 못 이겨 손상될 수 있으니까, 적당한 크기를 유지하는 게 세포에게는 정말 중요해.

지구에서는 일정한 중력이 작용해서 이 중력이 세포 크기가 무작정 커지는 걸 막는다고 해. 그래서 포유류 세포는 보통 0.001mm 정도 크기에서 멈추는 거지. 이렇게 세포 크기가 일정 수준 이상 커지지 않는 건 단순히 물리적인 한계 때문만은 아니야. 생명체가 제대로 유지되고, 진화해 나가는 데도 중요한 영향을 미치지. 생각할수록 흥미로운 주제야.

세포의 구조가 궁금해

세포가 생존하려면 영양소와 산소를 꼭 받아야 한다고 했지? 그 이유를 제대로 알려면, 세포의 구조가 어떻게 이루어져 있는지, 또 세포 안에서 어떤 일이 벌어지는지를 알아야 해.

먼저, 세포의 구조부터 살펴보자. 세포를 들여다보면 생각보다 엄청 복잡해. 지금은 꼭 알아야 할 부분만 설명할 테니 잘 들어 봐. 생명체의 종류에 따라 세포의 내부 구조도 조금씩 다르거든. 여기서는 동물세포를 기준으로 이야기할게. 핵·미토콘드리아·세포막·세포질·리보솜·골지체·리소좀·액포를 학교에서 일어나는 여러 상황에 빗대어 설명할 테니까, 상상하면서 들으면 훨씬 쉽게 이해될 거야.

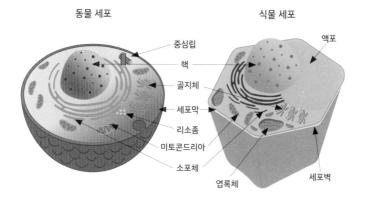

동물세포와 식물세포

+ 핵 +

핵은 마치 교장실 같은 곳이야. 학교에는 여러 선생님과 학생이 있지만, 학교 운영과 중요한 규칙 같은 건 결국 교장 선생님이 최종 결정하잖아? 교장 선생님이 없으면 학교는 제대로 제대로 돌아가기 어려운 것처럼, 세포도 핵이 있어야 모든 활동을 조절하고 통제할 수 있어. 특히 세포가 자기 일을 제대로 하려면 지침서 같은 게 필요한데, 그 지침서가 바로 'DNA'라는 유전물질이야. 이 DNA는 아버지에게서 반, 어머니에게서 반씩 물려받은 거야. 그래서 우리가 부모님을 닮는 거고, 눈 색깔이나 키 같은 것도 DNA에 적힌 정보 덕분에 결정되는 거지.

+ 미토콘드리아 +

미토콘드리아는 세포 안에서 발전소 같은 역할을 해. 학교로 치면, 학교 전체에 전기를 공급하는 시설이라고 보면 돼. 각 세포마다 미토콘드리아가 꼭 있고, 세포가 살아가는 데 필요한 에너지를 만드는 데 없어선 안 되는 기관이야.

비유로 설명하면 더 쉽겠다. 지금은 학교에 전기 난방이 있지만, 예전엔 어땠는지 알아? 한 30년 전만 해도 교실 한가운데 난로가 놓여 있었어. 학생들이 난로 주변에 모여서 손도 녹이고, 도시락도 데워 먹고 그랬다더라. 이 난로가 바로 교실의 에너지 공급원이었지. 지금 세포에서 미토콘드리아가 하는 역할이 딱 그거야!

난로를 사용하려면 아침마다 창고에서 연료를 가져와서 불을 붙여야 했어. 난로 뚜껑을 열어 두고, 산소가 잘 들어가게 해야 불이 잘 붙었지. 그리고 난로 위에는 연기가 빠져나가는 긴 연통도 꼭 필요했어. 이런 준비가 다 되어야 에너지를 얻을 수 있었던 거지.

이제 이 난로를 세포에 한번 대입해 보자! 난로가 미토콘드리아고, 난로에 넣는 연료는 영양소야. 이 난로에 산소를 공급하는 것처럼 미토콘드리아도 에너지를 생성하려면 산소가 필요해. 난로에서 나오는 연기는 우리 몸에서 나오는 이산화탄소고, 난로 속의 재는 몸에서 나오는 노폐물로 볼 수 있어.

미토콘드리아는 난로와 다른 점이 있어. 난로는 불이 활활 타면서 한꺼번에 많은 열이 나오잖아? 그런데 미토콘드리아는 그런 식으로 에너지를 만들면 안 돼. 우리 몸은 열이 너무 많이 나면 큰일 나거든! 그래서 미토콘드리아는 에너지를 천천히, 아주 안전하게 만드는 방식을 선택했어. 다시 말해 미토콘드리아는 세포가 안전하게 살아갈 수 있도록 필요한 에너지를 꼭 맞게 공급해 주는 섬세한 발전소인 거야. 이렇게 보면 미토콘드리아가 왜 그렇게 중요한지 확 와닿지?

앞에서 세포가 너무 커지면 안 되는 이유를 말했던 거 기억나지? 바로 영양소와 산소가 세포 안쪽까지 잘 전달되기 위해서였어. 그렇게 공급된 영양소와 산소는 세포 안에서 미토콘드리아가 받아서 에너지로 바꿔 주고,

세포는 그 에너지를 써서 살아가는 거야. 이 과정을 '세포호흡'이라고 불러.

우리 몸속 세포 중에서 에너지가 많이 필요한 세포에는 미토콘드리아가 많이 들어 있다는 특징이 있어. 예를 들어, 근육세포는 수축하고 이완하는 과정을 반복해야 하니까 엄청난 양의 에너지가 필요해. 지속적인 에너지 소모를 위해 근육세포 안에는 많은 미토콘드리아가 있어야 하지. 특히 심장은 멈추면 안 되잖아? 심장은 하루 종일, 1년 365일 쉬지 않고 뛰어야 하니까 에너지 공급이 끊기면 큰일 나지. 그래서 심장 근육세포에는 더 많은 미토콘드리아가 있어.

또 다른 예로, 간세포가 있어. 간세포는 해독작용을 통해 우리 몸에서 불필요한 물질을 제거하는데, 이 과정도 에너지가 많이 필요해. 그래서 간세포에도 미토콘드리아가 아주 많아. 정리하자면, 에너지를 많이 쓰는 세포일수록 미토콘드리아도 많이 갖고 있어서 세포가 제 역할을 제대로 할 수 있게 도와주는 거야.

+ 세포막 +

세포막은 학교를 둘러싼 울타리라고 생각하면 돼. 만약 학교에 벽이 없으면, 아무나 학교 안으로 들어올 수 있고, 위험한 사람이나 동물까지 마음대로 드나들 수 있겠지? 세포막도 마찬가지야. 세포막은 해로운 물질은 막고, 영양소나 산소 같은 꼭 필요한 물질만 골라서 들여보내. 이렇게 세포막이 일종의 출입문 역할을 하면서 세포를 보호하는 거야.

예를 들어, 세포막은 세포가 에너지를 만들 때 필요한 포도당이나 세포 구성에 필요한 아미노산 같은 걸 선택적으로 통과시켜. 이런 식으로 세포의 생명 활동을 적극적으로 지원하는 거지. 또한 세포막은 세포 안이랑 밖의 환경 차이를 조절하고, 밖에서 무슨 일이 생기면 그 신호를 빠르게 감지해서 세포가 적절히 반응할 수 있게 도와줘. 세포막의 기능 덕분에 세포는 안전하게 보호받고, 건강한 상태를 유지할 수 있어.

+ 세포질 +

세포질은 사실 학교에 비유하기가 좀 애매한 부분이 있

어. 학교 건물 안이 끈적끈적한 액체로 뒤덮혀 있다고 상상하면 좀 이상하지? 그런데 세포 안은 진짜 그렇게 생겼어. 세포 안을 가득 채우고 있는 끈적한 액체가 바로 세포질이야.

세포질은 세포 안에서 일어나는 모든 생화학적 활동의 무대야. 학교에서 수업도 하고, 동아리 활동도 건물 안에서 하잖아? 세포도 마찬가지로, 모든 활동이 세포질 안에서 이루어져. 그리고 세포질 속에는 다양한 세포 소기관들이 떠다니고 있거든. 이들은 서로 협력해 세포의 생명 활동을 책임지고 있어. 함께 영양소를 처리하고, 에너지를 생성하며, 세포가 생존하는 데 필요한 모든 과정을 가능하게 하지.

+ 리보솜 +

리보솜은 학교에 필요한 물건을 만드는 공장 같은 곳이야. 이 공장에서 뭘 만드냐면, 바로 단백질을 만들어. 세포가 제대로 기능하려면 다양한 단백질이 꼭 필요한데, 그 단백질을 만드는 일을 리보솜이 맡고 있는 거야.

리보솜은 아미노산이라는 재료들을 하나씩 이어 붙

여서 근육 단백질이나 각종 효소 같은 중요한 물질들을 만들어 내. 이 단백질들은 세포가 살아가면서 해야 할 일들을 직접 맡아서 처리하는 일꾼 역할을 해. 만약 리보솜이 없다면? 세포는 단백질을 만들 수 없고, 결국 제 기능을 못하게 되는 거야.

+ 골지체 +

골지체는 학교 교무실에 있는 서류 보관함 같은 역할을 해. 생각해 봐, 교무실에서 가정통신문이나 시험지를 각 반으로 나눠서 보내 주잖아? 골지체도 딱 그런 식으로 세포 안에서 특정 물질들을 분배하는 일을 맡고 있어.

　세포가 성장하고 자기 일을 제대로 하려면, 여러 가지 합성된 지방(지질)이나 단백질이 있어야 해. 골지체는 이런 물질들을 받아서 필요한 곳으로 정확하게 배달해 주는 거야. 그 과정에서 그냥 보내는 게 아니라, 포장하고, 필요하면 살짝 가공까지 해서 보내는 센스까지 갖췄지. 말하자면 골지체는 세포 안 '물류 센터' 같은 존재야. 이 물류 시스템이 잘 돌아가야 세포도 문제없이 기능할 수 있는 거지.

+ 리소좀 +

리소좀은 학교를 관리해 주시는 분들과 같은 역할을 해. 학교가 깨끗하게 유지되는 건, 고장 난 부분을 고치고 청소해 주시는 분들 덕분이라는 점에서 리소좀의 기능을 이해할 수 있어. 리소좀 안에는 분해 효소가 가득 차 있어. 이 효소들은 세포 안에서 낡거나 망가진 소기관이나 외부에서 들어온 침입자(박테리아) 같은 걸 잘게 쪼개서 처리하는 일을 해. 이런 과정을 통해 세포는 청결하고 건강한 상태를 유지할 수 있어. 만약 리소좀이 없다면 세포는 오염되거나 손상된 부분 때문에 쉽게 기능을 잃을 거야.

+ 액포 +

액포는 학교에 있는 창고와 같아. 세포 안에 물이나 영양소, 노폐물을 저장하면서 세포의 내부 환경을 유지하는 역할을 하거든. 예전에는 액포가 식물세포에만 있다고 알려졌지만, 최근 연구에 따르면 동물세포에도 조금 다른 형태의 액포가 존재한다는 사실이 밝혀졌어.

특히 식물세포의 액포는 엄청 중요한 역할을 해. 식물세포 안에 있는 중심 액포는 세포 전체 부피의

80~90%를 차지할 정도로 커. 이렇게 큰 액포 덕분에 식물세포의 형태와 구조가 잘 유지되는 거야. 쉽게 말하면, 풍선에 물을 가득 채우면 탱탱하게 유지되잖아? 식물세포도 중심 액포에 물과 다양한 물질이 가득 차 있어서, 세포가 꽉 찬 모양을 유지할 수 있어. 반면에 동물세포에도 여러 개의 작은 액포가 있지만, 주로 특정 물질을 잠깐 저장해 두는 역할 정도야.

식물세포의 특별한 소기관

지금까지 이야기한 핵·미토콘드리아·세포막·세포질·리보솜·골지체·리소좀·액포 외에도 세포에는 많은 소기관이 있어. 대표적으로 소포체와 중심립이 있지. 이 소기관들은 동물세포와 식물세포 모두에 존재하고, 각각의 소기관이 특정한 기능을 담당하고 있어. 특히 식물세포에는 동물세포와는 다른 특별한 세포 소기관이 있어. 바로 엽록체와 세포벽이야.

+ 엽록체 +

엽록체는 학교에 설치된 태양광 전지판과 비슷한 역할을 해. 태양광 전지판이 햇빛을 흡수해 전기를 만드는 것처럼, 엽록체는 햇빛을 흡수하고 광합성을 통해 포도당이라는 중요한 영양소를 생성해. 이 과정 덕분에 식물은 외부에서 영양소를 공급받지 않고도 스스로 필요한 영양소를 만들어 내는 능력을 가지게 된 거야.

다시 말해 엽록체는 햇빛을 받아서 그 에너지를 식물이 성장하고 발달하는 데 필요한 영양소로 바꿔 주는 곳이야. 이렇게 만들어진 영양소 덕분에 식물은 스스로 살아갈 에너지를 얻고, 동물이나 인간을 포함한 다른 생명체에게도 먹이와 산소를 공급할 수 있어.

+ 세포벽 +

세포벽은 학교 울타리 밖에 세워진 내진벽 같은 존재야. 내진벽은 지진이 와도 무너지지 않을 만큼 튼튼하고 단단하잖아? 세포벽도 마찬가지야. 세포막 바깥쪽에 있는 세포벽은 강하고 견고한 구조로 이루어져 있어. 그 덕분에 식물세포의 형태를 유지하고 세포를 튼튼하게 받쳐

주지. 게다가 외부 충격과 환경 변화가 생겨도 세포가 쉽게 망가지지 않도록 든든한 보호막 역할도 해줘. 세포벽 덕분에 식물세포는 모양도 잘 유지하고, 혹독한 환경에서도 버티며 살아갈 수 있는 힘을 가지게 되는 거야. 그래서 세포벽은 식물의 생명 유지에 없어서는 안 되는 중요한 소기관이야.

지금까지 세포 소기관을 학교에 빗대어 설명해 봤는데, 어때? 조금 더 쉽게 이해할 수 있었지? 학교에서 선생님과 학생들이 각자 맡은 일을 하면서 학교가 잘 돌아가는 것처럼 세포 안에서도 각 소기관들이 자기 역할을 열심히 하면서 세포 전체가 하나의 팀처럼 움직이고 있어. 이런 멋진 협력 덕분에 세포는 생명체의 기본 단위로서 대사 활동도 하고, 주변 환경에 반응도 하고, 자라면서 성장까지 할 수 있는 거야. 세포가 살아 있어야 비로소 생명체도 살아갈 수 있는 거지!

생각해 보면 세포 하나 안에도 이렇게 복잡하고 신기한 세계가 숨어 있다는 게 정말 놀랍지 않아? 게다가 이 작은 세포들이 모여서 우리 몸처럼 거대한 생명체를 만들어 낸다는 것도 진짜 신기해. 이렇게 세포의 역할과 기능을 제대로 이해하는 건, 생물학 공부의 첫걸음이자 생명 현상을 이해하는 데 꼭 필요한 기본이야. 앞으로 더 깊이 배우면서 세포의 세계가 얼마나 흥미롭고 놀라운지 같이 알아가 보자!

틈새 토론

세포도 하나의 생명체일까?

세포는 생명체를 이루는 기본 단위지만, 독립적인 생명체로 볼 수 있는지에 대한 논란이 있다.

찬성

세포도 스스로 살아갈 수 있으니 생명체로 봐야 해.

반대

개별 세포는 생명체가 아니라, 생명체를 이루는 일부일 뿐이야.

생각 TIP

생명체를 정의하는 기준은 무엇일까?

단세포 생물과 다세포 생물의 차이는 무엇일까?

우리 몸의 세포는 혼자서도 생존할 수 있을까?

세포는 스스로 번식할 수 있을까?

찬성 근거

1) 생명체는 성장, 번식, 환경 반응 등의 특징이 있어야 하는데, 세포는 모두 해당하는 기능을 해. 세포가 생명체의 필수 조건을 충족하기에 생명체로 인정할 수 있어.

2) 단세포 생물(예: 박테리아, 아메바)은 하나의 세포만으로도 살아가며, 영양을 섭취하고 환경에 반응해. 생명체의 중요한 특징인 대사 작용과 생식이 가능하므로 세포도 독립적인 생명체라고 볼 수 있어.

반대 근거

1) 우리 몸을 구성하는 세포(예: 피부 세포, 혈액 세포)는 몸에서 떨어지면 살아남지 못해. 생명체라면 혼자서도 생존해야 하지만, 개별 세포는 독립적으로 살아갈 수 없으므로 생명체로 보기 어려워.

2) 진정한 생명체는 스스로 번식해 후손을 남기고, 유전적 다양성을 통해 진화해 나가. 하지만 개별 세포는 혼자서 새로운 개체를 만들지 못해. 숙주 생명체가 있어야만 기능할 수 있으니 생명체가 아니야.

2장

현미경이 발견한 개성 만점 세포들

#현미경 #생물학 #미생물

#원핵세포 #진핵세포 #바이러스

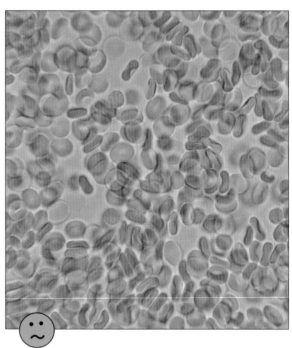

현미경으로 본 혈액세포

우리 몸속에는 수많은 세포가

저마다의 역할을 하며 살아가고 있어.

근육세포가 몸을 움직이게 하고,

신경세포는 정보를 주고받으며,

혈액세포는 산소를 나르지.

보이지 않지만, 우리 몸 안에는

작은 우주가 펼쳐져 있어!

생물학의 눈이 된 현미경

생물학의 발전 과정은 물리학과는 달라. 어떤 점이 다를까? 아마 생각해 본 적 없는 주제일 거야.

생물학에서는 어떤 연구 도구가 발명되면, 그 도구를 이용해 생명 현상을 관찰하고, 관찰한 내용을 정리하면서 새로운 이론을 만들어 가는 경우가 많아. 예를 들어, 찰스 다윈의 진화론은 생물학적 관찰과 연구의 결과로 탄생한 이론이야.

반면에 물리학은 먼저 가설을 세우고, 그 가설을 검증하기 위해 필요한 도구를 개발하는 경우가 많아. 빅뱅 이론이나 블랙홀 연구가 대표적이지. 이런 차이점을 이해하는 건 생물학과 물리학을 비교하는 데 중요한 요소야. 갑자기 왜 생물학과 물리학을 비교했냐면, 현미경 이야기를 하기 위해서야.

물리학, 특히 천문학에서는 망원경이 가장 중요한 도구 중 하나로 여겨지지. 생물학의 발전을 이끌어 낸 가장 중요한 도구는 바로 현미경이야. 그런데 현미경이 발명된 초기에는 사람들이 이를 효과적으로 활용하지 못했어. 만약 그때 사람들이 현미경을 잘 이용했다면 생물학의 발전 속도는 지금보다 훨씬 빠르지 않았을까?

최초의 현미경은 1590년 네덜란드에서 만들어졌어. 당시 현미경은 구조가 매우 단순해서 장난감으로 여겨지기도 했지. 하지만 몇몇 사람들은 현미경의 잠재력을 알아보고, 이를 적극적으로 활용하기 시작했어. 특히 마르첼로 말피기는 처음으로 현미경을 사용해 해부학 연구에서 중요한 발견을 했어.

말피기는 '세포'라는 말을 처음 쓴 로버트 훅보다 먼저 현미경으로 개구리의 허파를 들여다봤어. 이 과정에서 그는 허파 안에 있는 폐포가 아주 얇은 벽으로 되어 있고, 그 벽을 따라 무수한 모세혈관이 감싸고 있다는 걸 알아냈지.

이게 왜 중요하냐면, 폐포에서 산소는 폐포에서 피로 넘어가고, 이산화탄소는 피에서 폐포로 나오는 일이 벌어지거든. 덕분에 숨 쉬는 것과 피가 온몸을 도는 혈액 순환이 서로 깊이 연결되어 있다는 걸 더 깊이 알게 된 거야. 이전에는 혈액 순환을 동맥과 정맥이라는 눈에 보이는 구조로만 설명할 수 있었지만, 말피기의 발견 덕분에 그 사이에 존재하는 미세한 구조와 기능까지 이해하게 되었지.

또한 말피기는 현미경으로 신장에서 오줌을 만드는 기관인 말피기 소체를 발견했으며, 최초로 적혈구를 관찰하기도 했어. 이런 발견들은 생물학의 발전에 매우 중요한 역할을 했고, 현대 생물학의 기초를 다지는 데 큰 기여를 했어.

생물학은 단순히 이론을 세우는 것에서 그치지 않고, 현미경과 같은 혁신적인 연구 도구가 발명되면서 크게 발전했어. 이런 도구 덕분에 생명체를 더 자세히 관찰할 수 있었고, 그 결과 새로운 과학적 발견이 이루어지며 생물학이 더욱 발전하게 된 거지.

미생물학의 아버지

현미경을 발전시킨 인물로 또 한 명이 있어. 바로 안톤 판 레이우엔훅이야. 로버트 훅이랑 이름이 비슷해서 헷갈리기 쉬운데, 레이우엔훅은 훅과는 다른 독창적인 업적을 남겼어. 그는 '미생물학의 아버지'라고 불릴 만큼 미생물 연구에 큰 영향을 미쳤거든. 지금부터 레이우엔훅이 남긴 업적에서 그의 천재성과 독창성을 들여다보자.

레이우엔훅은 당시 일반적으로 사용하던 두 개의 렌즈가 달린 현미경과는 달리, 초점 거리가 짧고 작은 단일 렌즈를 사용해서 현미경을 만들었어. 그는 두 개의 얇은 황동판 사이에 자신이 만든 렌즈를 끼워 넣는 방식으로 현미경을 제작했는데, 성능이 매우 뛰어나서 무려 500배까지 확대가 가능했대.

하지만 뛰어난 기술에도 불구하고, 그가 만든 500여 개의 현미경 가운데 현재까지 남아 있는 건 고작 아홉 개뿐이야. 더구나 그는 자신의 현미경 제작 비법을 아무에게도 알려 주지 않아서, 1957년이 되어서야 겨우 266배까지 확대되는 새로운 레이우엔훅 현미경이 만들어졌다고 해.

레이우엔훅은 왜 자신의 노하우를 전수하지 않았을까? 아마 그는 취미로 연구하는 걸 중요하게 여겼던 것 같아. 레이우엔훅은 정규 교육을 제대로 받지 못했고, 연구 결과를 라틴어로 발표해야 하는 환경에서 라틴어를

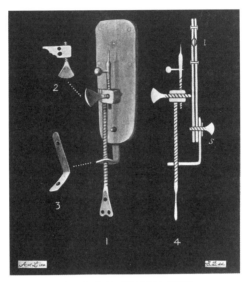

안톤 판 레이우엔훅이 만든 현미경

할 줄 모르는 원단 가게 직원이었거든. 그 때문에 그의 연구는 학계에서 인정받지 못했지. 시간이 지나고 결국 그는 인정받는 연구자로 자리 잡기는 했어. 하지만 그때부터는 강의 요청이나 후원도 거절하고 오로지 연구에만 집중했대. 그는 이렇게 말했다고 해.

"강의나 후원을 받는 일은 나를 구속하는 일이 될 수 있다. 나는 자유롭게 연구하는 삶을 선택하겠다."

그가 얼마나 자신의 작업을 순수한 열정으로 채우고 싶어 했는지 의지가 느껴지지?

레이우엔훅은 자신의 연구 결과를 라틴어도, 영어도 아닌 모국어인 네덜란드어로 왕립학회에 보내서 발표했어. 그리고 그의 편지는 영어로 번역되어 학회지에 실렸어. 그는 90세까지 장수하면서 500여 통의 편지로 연구 결과를 남겼고, 심지어 죽기 12시간 전에도 현미경으로 관찰을 하고 그 결과를 편지로 기록했다고 해.

이런 끈기 있는 노력 덕분에 레이우엔훅은 미생물학의 아버지라는 칭호를 얻게 되었지만, 그가 체계적인 과학 연구 방법을 배웠더라면 미생물학 발전에 큰 기여를 했을 거야. 레이우엔훅의 독창적 사고와 끊임없는 연구는 현대 과학에 큰 영향을 미쳤고, 그가 남긴 유산은 오늘날에도 여전히 많은 연구자에게 영감을 주고 있어.

미생물의 세계를 찾아서

레이우엔훅은 호기심이 많고 손재주도 좋았기 때문에 현미경을 계속 만들면서 다양한 것을 관찰했어. 곰팡이, 혈액 속의 적혈구, 정액 속의 정자, 기생충, 꿀벌의 촉수, 심지어 머리카락도 관찰했지.

특히 그는 빗물 속에서 미세한 생물을 발견했는데, 정말 엄청난 일이었어. 1670년 어느 봄날, 레이우엔훅은 우연히 지붕에서 떨어진 빗물을 관찰해 보기로 했지. 처음에는 별 기대 없이 시작했는데, 빗물 속에서 적혈구나 벼룩보다도 작고, 모양이 다양한 생명체들을 발견한 거야. 이렇게 다양한 작은 생명체가 존재한다는 사실을 밝혀낸 건 대단한 일이었어.

사실 '미생물'이라는 이름은 과학적인 기준에 따라 정해진 게 아니야. 눈에 보이지 않을 정도로 작다는 의미에서 부르기 편하기 위해 미생물이라고 부르게 되었지.

그때 레이우엔훅이 관찰한 미생물의 모양은 다양했는데, 원형·타원형·막대형 등이었으며 움직이는 모습도 모두 달랐어. 우리가 알고 있는 세균이나 바이러스도 미생물이야. 레이우엔훅은 여러 번 반복해서 미생물을 관찰했고, 가을이 되어서야 이를 왕립학회에 알렸어. 하지만 편지에는 글 외에는 증거가 없어서 그의 발견은 받아들여지지 않았지.

레이우엔훅은 시민들을 모아서 미생물을 직접 보여주기로 했어. 그런 후에 다시 왕립학회에 편지를 보냈지. 하지만 이 또한 당시 과학자들의 연구 방식과는 많이 달랐기 때문에 인정받지 못했어. 이런 상황에서 논란을 잠재운 인물이 바로 로버트 훅이야. 훅은 여러 번의 시도 끝에 미생물을 관찰했고, 그것을 인정받아 미생물의 존재가 세상에 드러나게 되었지.

19세기에 들어서면서, 성능이 훨씬 좋아진 렌즈와 조명을 갖춘 현미경이 나왔어. 그 덕분에 그동안 볼 수 없었던 미생물과 그 구조까지 관찰할 수 있었지. 이로써 과학자들은 미생물이 우리 주변에 얼마나 다양하게 존재하는지, 또 생명 현상이 얼마나 정교하게 이루어지는지를 알게 됐어. 레이우엔훅이 남긴 발견으로 오늘날 우리는 미생물에서 복잡한 생명체까지 이어지는 생명의 흐름을 더 깊이 이해할 수 있게 된 거야.

광학 현미경부터 전자 현미경까지

20세기에 들어서 빛(가시광선)과 렌즈를 이용하는 광학 현미경보다 확대율과 해상도가 훨씬 높은 전자 현미경이 등장했어. 전자 현미경 덕분에 우리는 세포 속에 있는 소기관이나 바이러스처럼 아주 작은 것들을 더 자세히 볼 수 있게 되었지.

현미경은 기본적으로 두 개 이상의 렌즈를 겹쳐서 빛을 굴절시키고, 작은 물체를 훨씬 더 크게 볼 수 있게 만든 도구야. 쉽게 말하면, 첫 번째 렌즈가 이미지를 한 번 키우고, 두 번째 렌즈가 그 이미지를 또 한 번 키워 주는 구조야. 이렇게 확대할 수 있는 배율이 높아지면서 세포나 세균 같은 미생물들이 발견되었고, 그 덕분에 생물학·의학·화학 등 다양한 분야가 크게 발전할 수 있었지.

하지만 렌즈의 수와 굴절 효과를 늘리는 데에는 한계가 있었어. 이 한계를 극복하려면 완전히 새로운 접근이 필요했지. 그 결과물로 등장한 게 바로 '전자 현미경'이야. 전자 현미경은 빛을 사용하지 않고 전자의 움직임을 이용해서 작동해. 무슨 말인지 잘 이해가 안 된다고?

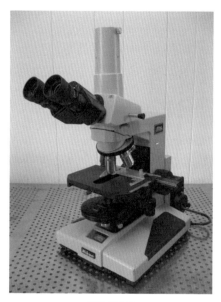

광학 현미경

우리가 광학 현미경으로 어떤 물체를 관찰하려면 빛이 필요하잖아? 그런데 이 전자 현미경은 빛 대신에 진공 상태에서 전자가 움직이는 원리를 이용하는 거야.

여전히 모르겠다고? 조금 어려운 내용일 수도 있는데, 자세히 설명해 볼게. 전자는 이 세상의 물질을 구성하는 기본적인 입자 가운데 하나로, 원자를 구성하는 요소야. 전자는 전기적으로 음전하를 띠고 있고, 우리가 알고 있는 수소·산소·철·나트륨을 포함한 모든 원자는 전자를 가지고 있어. 또, 전자는 아주 가벼운 입자라서 빠르게 움직이는 특성이 있지.

전자 현미경에서는 이 전자를 전자총이라는 장치로 내보내고, 관찰하고자 하는 물체에 부딪히게 하는 방식으로 작동해. 그러면 이 전자가 관찰하는 물체를 구성하는 원자와 반응해서 다양한 신호를 만들어 내. 이렇게 만들어진 신호는 탐지기가 수집하고, 이 신호를 컴퓨터로 처리하면 고해상도의 이미지를 만들 수 있어. 그러니까 전자 현미경은 아주 정밀하고 미세한 세계를 탐구하는 데 큰 도움이 돼.

광학 현미경과 전자 현미경을 정리해 보자. 광학 현미경은 빛을 이용해 관찰 대상을 비추고, 렌즈를 통해 빛을 모아 컬러 이미지를 얻는 방식이야. 이와 달리 전자 현미경은 전자를 이용해 관찰 대상을 조사하고, 정보를 수집해서 컴퓨터가 처리한 후 흑백 이미지를 얻는 방식이지. 가끔 색이 입혀진 전자 현미경 사진을 볼 수 있는데, 그건 따로 작업한 결과물이니까 속지 말자고! 이렇게 두 현미경은 서로 다른 방식으로 보이지 않던 세상을 보여 주고 있어.

　　빛 대신 전자를 이용한 최초의 투과 전자 현미경은 1931년 독일의 물리학자 에른스트 루스카와 막스 크놀이 함께 개발했어. 이 업적으로 루스카는 1986년 노벨 물리학상을 받았지.

　　그 후 1937년에는 독일의 만프레트 폰 아르데네가 촬영관과 전자 광학 현미경(전자 현미경의 일종)을 결합한 형태로 최초의 주사 전자 현미경을 만들었어. 이 기기로 전자 현미경이 다양한 분야에서 쓰일 수 있는 길이 열렸지만, 아쉽게도 제2차 세계대전 중에 파괴되고 말았어. 하지만 과학자들은 멈추지 않고 연구를 계속했지.

　　1940년에는 독일의 라인홀트 루텐베르크가 전자 광학 현미경의 원리를 발전시켜 성능을 더 높였어. 그리고 2년 후에는 미국에서 전자 현미경을 상용화하는 데 성공했어. 그 덕분에 1950년대부터 전자 현미경의 성능이 계속해서 개선되면서 다양한 과학 분야에서 큰 발전을 이끌었지. 그리고 1953년에는 네덜란드의 물리학자 프리츠 제르니커가 위상차 현미경을 발명해서 노벨 물리학상을 수상했어.

전자 현미경의 기능은 정말 대단해. 배율이 150만 배 이상을 자랑하거든. 빛을 이용한 광학 현미경의 배율이 최대 1,000배 정도야. 감이 와? 전자 현미경은 엄청나게 작은 것들도 볼 수 있어. 광학 현미경 중에서도 배율이 최대 2,000배인 것도 있지만, 두 점을 구분하는 능력인 분해능이 떨어져서 보통은 1,000배 정도를 최대 배율로 생각해.

전자 현미경에는 여러 종류가 있어. 대표적으로 위상차 현미경, 투과 전자 현미경, 주사 전자 현미경, 이온

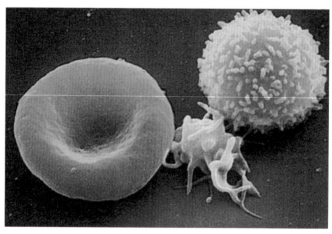

주사 전자 현미경으로 관찰한 적혈구(왼쪽), 혈소판(중간), 백혈구(오른쪽)

현미경, 주사형 터널 현미경, 원자간력 현미경 등이 있지. 투과 전자 현미경은 최대 150만 배의 2차원 영상을 얻을 수 있고, 주사 전자 현미경은 최대 40만 배 정도의 3차원 영상을 만들 수 있어. 이렇게 전자 현미경은 크게 투과형과 주사형으로 나눌 수 있고, 각각 연구에 따라 다양하게 활용돼.

전자 현미경의 구조나 이론적인 내용은 정말 복잡하니까, 이 분야에 관심 있는 친구들은 좀 더 깊이 있는 연구를 하거나 과학관에 가서 직접 보고 배우는 걸 추천할게.

세포의 종류가 이렇게 많다니

현미경 기술이 발달하면서 과학자들은 다양한 세포들을 발견했어. 세포가 한 종류만 있는 게 아니라는 사실은 이미 알고 있을 거야. 그럼 먼저, 우리 몸을 이루고 있는 세포들을 알아보자.

머리부터 아래로 내려가면서 보면, 우선 뇌를 구성하는 세포가 있겠지? 뇌와 신경계를 이루는 세포도 여러 가지야. 뇌에는 정보를 전달하고 처리하는 신경세포가 있어. '뉴런'이라고도 하지. 신경세포는 기능과 형태에 따라 감각신경세포·운동신경세포·연합신경세포로 나눌 수 있어. 뇌를 이루는 건 대부분 연합신경세포야.

그런데 뇌에는 신경세포만 있는 게 아니야. 아교세포라는 것도 있어. 아교세포는 신경세포가 잘 자리 잡고 일할 수 있게 지지하고 보호하는 역할을 해. 또 미세아교세포는 뇌 속에서 면역 반응도 하고, 염증이 생기면 정리하는 일을 맡아. 마지막으로 에피테셀세포는 뇌척수액이라는 특별한 액체를 관리하면서, 뇌와 척수를 보호하고 필요한 영양분도 챙겨 주는 고마운 세포야. 사실 뇌에는 이 외에도 여러 세포가 있지만, 지금은 이 정도만 알아도 충분해.

그다음으로 감각기관을 구성하는 세포를 볼게. 우리 몸의 오감인 시각·청각·후각·미각·촉각을 이루는 세포의 종류는 정말 다양해. 시각기관에 있는 세포에는 눈의 겉부분인 각막을 이루면서 눈을 보호하는 각막세포, 빛을 감지하고 들어온 빛을 시각 정보로 바꿔서 뇌로 보내는 망막세포, 그리고 수정체를 맑고 투명하게 유지해 주는 간섭체세포 등이 있어.

청각기관을 구성하는 세포에는 달팽이관 안에서 소리를 감지하는 유모세포가 있고, 이 유모세포를 지지하고 보호하는 지지세포도 있어. 후각기관을 구성하는 세포에는 기체 상태의 화학물질을 감지하는 후각세포가 있고, 미각기관을 구성하는 세포에는 화학물질을 감지하는 미각세포가 있어. 후각세포와 미각세포가 함께 작용해서 우리는 다양한 맛을 느낄 수 있는 거야. 촉각기관을 구성하는 세포에는 가벼운 접촉이나 진동 같은 자극을 느끼는 메르켈세포 등이 있어.

지금까지 말한 세포만 해도 정말 많지? 더 놀라운 건, 여기서 언급한 세포의 종류는 우리 몸에 있는 세포의 아주 일부에 불과하다는 거야. 그리고 우리는 아직 우리 몸에 이떤 세포들이 얼마나 있는지 정확하게 몰라.

우리 몸은 소화기관(위·소장·대장 등), 순환기관(심장·혈관 등), 호흡기관(폐 등), 배설기관(신장·방광 등) 등 다양한 기관을 구성하는 세포들로 이루어져 있어. 여기에 면역과 관련한 세포까지 포함하면 정말 다양한 세포들이 있지.

소화기관을 살펴보면, 소화기관을 이루는 세포들은 각자 맡은 역할이 서로 긴밀하게 이어져 있어. 위에서는 소화효소를 분비하는 주세포가 있고, 염산을 분비해서 소화효소가 제대로 작용하도록 돕는 벽세포도 있어. 그리고 염산과 소화효소로부터 소화관을 보호하는 점액세포도 존재하지.

순환기관을 구성하는 세포에는 혈액을 만드는 적혈구와 백혈구가 있어. 적혈구는 폐에서 산소를 받아 세포로 전달하는 역할을 하고, 백혈구는 세균에 반응해서 우리 몸의 면역을 담당해. 심장에는 심장의 수축을 담당하는 심장 근육세포와 전기 신호를 만들어 심장이 뛰게 하는 자극전도세포가 있어.

호흡기관에서는 폐를 구성하는 폐포상피세포가 중요한 역할을 해. 이 세포들은 폐 속의 작은 공기 주머니인 폐포를 구성하고, 우리가 숨 쉴 수 있도록 도와줘.

배설기관인 콩팥 속에는 오줌을 만드는 기본 단위인 네프론이 있어. 네프론을 이루는 사구체세포와 세뇨관세포도 중요한 역할을 하지. 사구체세포는 피에서 노폐물과 필요한 물질을 걸러 내고, 세뇨관세포는 걸러진 것 중에서 몸에 필요한 물질을 다시 흡수하고 진짜 버릴 것만 소변으로 보내.

지금까지 설명한 내용은 사실 세포에 관해 알려진 것의 아주 적은 부분이야. 과학자들은 세포를 더 깊이 연구하고 싶어 했고, 이를 위해 전 세계의 연구자들이 협력해 진행하고 있는 프로젝트가 있어. 바로 '인간 세포 아틀라스 프로젝트'야. 쉽게 말해, 인간 세포의 지도를 만들려는 계획이지. 이 프로젝트는 2016년부터 미국 MIT 브로드 연구소, 영국 케임브리지 생어 연구소, 웰컴 트러스트 재단 등이 주축이 되어 진행하고 있어. 이들은 뇌·간·소장·대장·혈액에 포함된 세포의 종류와 수, 특성을 알아내는 것을 목표로 하고 있어.

인간의 유전체(유전정보 전체)를 분석한 게놈 프로젝트를 통해 인체를 구성하는 설계도를 알게 되었다면, 인간 세포 아틀라스 프로젝트를 통해 그 설계도로 만들어진 단백질과 그 단백질로 구성된 세포를 규명하려는 거야. 그로써 인간과 더 나아가 생명의 신비를 밝히려는 것이지.

또한 세포가 단계별로 어떻게 변화하는지, 세포와

세포 간의 관계도 알아볼 계획이니, 인간 세포 아틀라스 프로젝트가 끝나면 많은 질병의 원인과 해결 방법의 실마리도 찾을 수 있을 듯해. 정말 기대되지?

세포, 이렇게 나눠 볼까?

기준을 정해서 세포를 분류해 보자. 그럼 기억하기도 쉽고, 각 세포의 특징을 파악하기도 더 편할 거야.

첫 번째로, 세포핵이 있는지 없는지로 나눠 볼 거야. 앞에서 배운 것처럼 세포핵은 세포 안에서 유전물질이 있는 부분이야. 그런데 이 유전물질이 막으로 둘러싸여 세포 안의 다른 영역과 구분되지 않는 세포가 있고, 막으로 나뉘어 있는 세포가 있어.

막으로 나뉘지 않는 세포를 '원핵세포'라고 하고, 막으로 나뉘어 있는 세포를 '진핵세포'라고 불러. 이 기준은 꼭 기억해 둬야 해. 생명과학을 배울 때 생물을 분류하는 첫 번째 기준이 되기 때문이야. 원핵세포에는 주로 세균이 속하고, 진핵세포에는 식물·동물·균류(버섯이나 곰팡이 등)·원생생물이 있어.

두 번째로, 핵이 있는 세포 중에서 동물세포와 식물세포, 진균세포로 나눌 거야. 보통 교과서에서는 동물세포와 식물세포의 특징만 비교해서 배우는데, 여기서는 진균세포까지 모두 살펴보자.

동물세포는 세포막·세포질·핵·미토콘드리아·골지체 같은 여러 구조를 가지고 있어. 반면에 식물세포는 동물세포에는 없는 세포벽과 광합성을 하는 엽록체가 있지. 그리고 진균세포는 동물세포와 식물세포의 특징을 모두 일부 가지고 있어. 그러니까 진균세포는 엽록체가 없어서 동물세포처럼 광합성을 하지 않지만, 식물세포처럼 세포벽이 있지.

여기서 한 가지 더 구분할 필요가 있어. 바로 바이러스에 대한 이야기야. 바이러스는 위에서 설명한 원핵생물도 아니고 진핵생물도 아니야. 바이러스는 생물과 무생물의 특징을 모두 지닌 존재야. 그래서 '비세포성 반생물'이라고 부르기도 해.

바이러스는 혼자서는 생존과 증식을 할 수 없어. 스스로 에너지를 만들거나 단백질을 합성하지 못하기 때문에, 기생충처럼 반드시 숙주가 필요해. 그 숙주에는 세균·미생물·식물·동물 등 다양한 생물이 포함돼. 바이러스는 보통 유전물질은 가지고 있지만, 세포처럼 다양한 소기관을 가지고 있지 않아서 크기가 매우 작아. 평균적으로 세균의 100분의 1 수준이라 광학 현미경으로는 보이지 않을 정도야.

바이러스의 기원에 대해서는 여전히 다양한 의견이 존재해. 과학자들이 이 문제를 계속 연구하고 있으니, 앞으로 어떤 새로운 발견이 있을지 기대해 보자!

세포는 어떻게 만들어져?

현미경으로 다양한 세포가 발견되면서, 우리는 근본적인 의문을 품게 되었어. 세포는 도대체 어떻게 만들어지는 걸까? 세포는 종류도 다양하고 내부 구조도 복잡하기에 생겨난 질문이었지. 이 질문에 대한 여러 이론이 존재하는데, 크게 두 가지로 설명할 수 있어.

첫 번째 이론은, 보통 난자와 정자가 결합하면 모든

세포가 같은 유전정보를 가질 것처럼 보이지만, 실제로는 다를 수도 있다는 점을 강조해. 이 이론에 따르면 세포 분열이 일어나는 초기에 환경이나 조건에 따라 특정 유전자가 활성화되거나 억제될 수 있어. 그러면서 일부 세포들은 유전자 정보가 조금씩 달라지고, 그 결과 세포마다 서로 다른 특징을 가지면서 다양성이 생기는 거야.

모자이크로 바꿔서 생각해 보면 더 쉽게 이해할 수 있어. 모자이크는 여러 조각이 모여 하나의 그림을 이루잖아? 마찬가지로 각 세포는 모자이크 조각처럼 서로 다른 특성을 가지지만, 전체적으로 하나의 생명체를 이루는 거지. 그래서 세포들은 다양한 특성을 가지게 돼. 이 과정에서 서로 다른 세포들이 각자의 역할을 수행하며 상호작용하는 방식은 매우 흥미로운 연구 주제야.

두 번째 이론은, 세포 분열뿐만 아니라 세포의 운명 결정과 세포 이동까지 폭넓게 설명해. 세포는 단순히 분열하는 것이 아니라, 외부 환경이나 다른 세포들과 상호작용하며 특정 신호 분자를 주고받는 복잡한 과정을 겪어. 이 과정에서 세포는 특정한 종류로 정해지고, 알맞은 위치로 이동해 조직을 만들어.

예를 들어, 어떤 환경이 세포에 영향을 주면 세포는 그 환경에 맞는 역할을 하게 되고, 이는 결국 생명체의 발달과 유지에 중요한 역할을 하게 되는 거야. 이러한 세포의 이동과 역할 결정 과정은 생물체가 어떻게 발달하고 기능하는지를 이해하는 데 중요한 열쇠가 돼.

다양한 이론을 통해 우리는 세포가 어떻게 만들어지는지, 그리고 세포들이 여러 질병과 어떤 관계가 있는지 더 잘 이해하게 되었어.

세포는 외계에서 왔을까?

지구에서 최초의 세포가 어떻게 생겼는지는 아직 확실하지 않지만, 두 가지 가능성이 있다고 알려진다.

찬성

세포는 우주에서 왔을 가능성이 있어.

반대

세포는 지구에서 자연적으로 생겼어.

생각 TIP

운석에서 발견된 유기물이 생명체의 증거가 될까?

외계 생명체가 어떻게 지구에서 살아남을까?

외계에서 왔다고 해서 모든 생명의 조상이 될까?

외계 생명체가 지구에 온 증거는 왜 아직 없을까?

찬성 근거

1) 과학자들은 우주에서 떨어진 운석에서 생명체의 기본 재료인 아미노산을 발견했어. 이 물질이 지구의 바닷물과 만나면서 최초의 세포가 만들어졌을 수도 있어.

2) 미생물 중에는 뜨거운 온천, 깊은 바닷속, 심지어 우주에서도 살 수 있는 생명체가 있어. 극한 환경에서 생존하는 이런 생명체가 우주에서 떠돌다가 지구에서 도착했을 수도 있어.

반대 근거

1) 지구의 생명체들은 물, 공기, 온도 등에 완벽히 적응해 있어. 만약 외계에서 왔다면 처음에는 지구 환경에서 살기 어려웠을 거야. 따라서 생명은 애초에 지구에서 시작되었을 가능성이 높아.

2) 만약 생명이 우주에서 왔다면, 그 흔적이 발견되어야 해. 하지만 아직 확실하게 증명된 사례가 없어.

3장

노벨상으로 보는 세포의 역사

#세포 생물학   #세포 분열   #모델 생물

#세포 주기   #자가포식

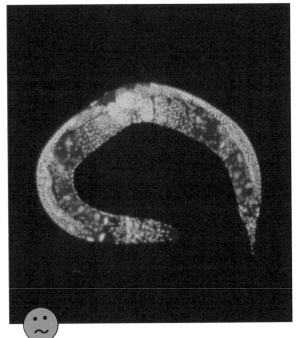

노벨상 수상에 큰 역할을 해온
모델 생물인 예쁜꼬마선충

'예쁜꼬마선충'이라고 들어 봤어?

크기가 1mm에 불과한 생물인데,

알고 보면 과학자들에게 노벨상을

안겨 준 엄청난 스타야!

이 귀여운 이름의 생물 덕분에

"세포가 왜 죽을까?"라는

미스터리가 풀렸거든.

노벨 생리의학상과 세포 생물학

노벨상에 대해 들어 봤지? 노벨상은 알프레드 노벨의 뜻을 기려서 1895년에 만들어진 상이야. 노벨은 다이너마이트라는 고체 폭탄을 발명한 스웨덴의 과학자였어. 그는 다이너마이트를 만들어 번 돈으로 노벨상을 만들겠다는 유언을 남겼지. 다이너마이트가 건설 현장에서 쓰였지만, 사람을 헤치는 데도 사용되었기에 이를 반성하는 마음이 있었던 것 같아.

그의 유언에 따라 1901년부터 물리학·화학·생리의학·문학·평화 분야에서 상을 수여하기 시작했어. 이처럼 세계적인 노벨상을 두 번 넘게 받은 사람도 있어. 대표적으로 마리 퀴리가 있지. 그녀는 남편인 피에르 퀴리와 함께 1903년 노벨 물리학상을 공동 수상했고, 1911년에는 혼자서 노벨 화학상을 받았어.

왜 갑자기 노벨상 이야기를 하냐고? 노벨 생리의학상의 연구 주제를 알려 주고 싶어서야. 생리의학상을 받은 이들의 연구 주제 가운데 세포와 관련 없는 것이 거의 없다고 해도 과언이 아니거든. 그래서 그 연구들을 살펴보면서 세포에 대한 궁금증을 풀어 보려고 해.

과학사를 공부하다 보면, 과학이 발전해 온 과정이 우리가 과학 시간에 가졌던 궁금증들을 하나씩 풀어 가는 과정이랑 비슷하다는 걸 느낄 수 있어. 특히 세포 연구를 보면, 옛날 연구자들이 세포에 대한 다양한 의문을 던지고, 그걸 하나씩 해결해 나가면서 지금 우리가 배우는 과학적 사실들이 쌓여 온 거야. 그만큼 세포 연구는 단순히 지식을 쌓는 걸 넘어서 과학이 어떻게 발전해 왔는지를 보여 주는 중요한 사례라고 할 수 있어.

실제로 세포 연구는 생명의 근본 원리를 밝히는 데 핵심적인 역할을 해왔고, 덕분에 오늘날 생명과학과 의학 같은 다양한 분야가 크게 발전할 수 있었어. 결과적으로 세포 연구는 과학 전반의 성장에도 큰 영향을 준 셈이지.

그럼 먼저, 역대 노벨 생리의학상 수상자들의 연구 주제 가운데 세포와 관련한 것만 한번 정리해 볼게. 이렇게 세포 연구들을 살펴보면, 세포가 왜 생명체의 기본 단위라고 불리는지 실감할 수 있어. 각각의 세포는 혼자서도 중요한 역할을 하지만, 서로 끊임없이 신호를 주고받으면서 전체 생명체의 기능을 만들어 내거든.

이처럼 세포를 중심으로 연구하는 학문을 세포 생물학이라고 해. 세포 생물학은 생명공학과 의학에서 가장 기본이 되는 분야이기도 해. 생명공학을 전공으로 공부하면, 제일 먼저 배우기도 하지.

수상 연도	수상자	연구 주제
1974년	알베르 클로드, 크리스티앙 드뒤브, 조지 에밀 펄레이드	세포 내부 구조와 기능
1985년	조지프 골드스타인, 마이클 브라운	세포 안의 콜레스테롤 대사 과정
1995년	에드워드 루이스, 크리스티아네 뉘슬라인 폴하르트, 에릭 위샤우스	세포 발생 과정에서 유전자의 역할
2001년	릴런드 하트웰, 팀 헌트, 폴 너스	세포 사이클 조절과 세포 분열
2002년	시드니 브레너, 하워드 호비츠, 존 설스턴	생체 기관의 발생과 세포 예정사의 유전학적 조절에 대한 발견
2008년	시모무라 오사무, 마틴 챌피, 로저 첸	녹색형광단백질 발견
2009년	엘리자베스 블랙번, 캐럴 그라이더, 잭 쇼스택	염색체 끝단의 보호 기전 연구
2012년	존 거든, 야마나카 신야	핵 이식을 통한 세포 재프로그래밍
2013년	제임스 로스먼, 랜디 셰크먼, 토마스 쥐트호프	세포의 소포체의 운반 조절
2016년	오스미 요시노리	세포의 자가포식 작동 원리
2019년	윌리엄 케일린, 피터 래트클리프, 그레그 세멘자	산소 농도에 따른 세포의 적응과 반응
2021년	데이비드 줄리어스, 아뎀 파타푸티언	세포 신호 전달 과정

세포 연구로 받은 역대 노벨 생리의학상

세포 생물학은 세포의 구조·기능·발생·분열·성장·죽음·에너지 생산·단백질 합성·신호 전달·세포 운동·유전자 전달 등 다양한 주제를 연구해. 이 모든 과정을 다양한 연구 방법과 도구를 사용해서 밝혀내는 학문이지. 그러니까 세포 생물학은 세포를 이해하는 데 필요한 다양한 측면을 다루고 있어.

이런 연구를 통해 우리는 세포의 정상적인 상태와 세포 질환의 원인을 파악할 수 있어. 그에 따라 새로운 치료 방법이나 예방 전략을 개발하는 데도 큰 도움이 돼. 세포 생물학은 생명과학의 여러 분야에서 중요한 역할을 해. 생리학·유전학·진화 생물학·암 연구 등에서도 세포에 대한 지식이 활용되고 있어. 이 모든 게 결국 인간의 건강과 생명의 질을 높이는 데 기여한다는 거지. 쉽게 말해, 아프지 않고 오래 사는 비결이 바로 세포에 숨어 있다는 소리야.

이제 세포 생물학과 관련한 노벨 생리의학상 수상자들을 연도별로 살펴볼게. 이 수상자들은 연구를 통해 세포와 생명 현상에 관한 중요한 발견을 했고, 그 결과 오늘날 의학과 생명과학 발전에 큰 영향을 미쳤어. 이들의 연구를 통해 우리는 세포가 어떻게 작동하는지 더욱 깊이 이해할 수 있게 되었지.

세포의 구조와 기능을 밝히다

1665년 로버트 훅이 세포라는 말을 처음 사용한 이후로 무려 300년이 넘는 시간이 흘렀어. 세포의 내부 구조와 기능이 밝혀지기까지 꽤 걸렸지. 이건 관찰 도구의 발전과도 관련이 있긴 해. 전자 현미경이 상용화된 1942년이 되어서야 세포 안을 제대로 볼 수 있는 방법이 생겼거든. 일반적으로 생물학에서는 도구가 발전한 이후에 새로운 발견이 이루어지고, 이론이 만들어진다고 앞에서 이야기했던 거 기억하지?

1974년에는 알베르 클로드, 크리스티앙 드뒤브, 조지 에밀 펄레이드가 함께 노벨 생리의학상을 받았어. 이 세 사람의 연구 주제는 완전히 같진 않지만, 공통적으로 세포의 구조와 기능을 연구했지.

클로드는 전자 현미경을 사용해 세포 내부의 다양

한 구조를 탐구했어. 그는 세포 소기관들이 어떻게 동작하고 서로에게 어떤 영향을 미치는지를 밝혀내면서 세포의 복잡한 구조를 더 깊이 이해하게 되었어.

드뒤브는 세포 안에서 쓰레기를 처리하는 역할을 하는 '리소좀'이라는 세포 소기관을 발견했어. 그는 리소좀의 기능에 관한 연구도 많이 하면서 세포가 어떻게 내부의 불필요한 물질을 처리하는지를 알려 줬지. 이 발견은 세포가 건강 유지에 얼마나 중요한지를 보여 줬어.

펄레이드는 세포 안에서 단백질이 어떻게 만들어지고, 어떻게 세포 밖으로 나가는지를 연구했어. 그는 세포가 단백질을 생산하고 분비하는 과정에서 어떤 일들이 일어나는지를 밝혀냈지. 사실 세포마다 각자 맡은 역할이 조금씩 다른데, 그 차이도 결국 어떤 단백질을 가지고 있느냐와 깊이 관련되어 있어. 한마디로 펄레이드의 연구는 세포의 기능과 대사를 이해하는 데 정말 중요한 단서를 준 셈이야.

세 사람의 연구는 세포 생물학과 생리학 분야에서 엄청난 발전을 이끌었어. 그들의 발견 덕분에 우리는 세포가 어떻게 작동하는지 더 잘 이해하게 되었고, 이는 나중에 의학과 생명과학의 발전에 큰 영향을 미쳤지. 이렇게 세포 연구가 쌓여 오면서, 우리는 생명체의 복잡성과 경이로움을 더 깊이 알게 된 거야.

세포의 운명 결정자, 유전자

세포는 어떤 과정을 통해 우리 몸을 구성할까? 쉽게 말해, 정자와 난자가 만나서 만들어진 수정란이 어떻게 다양한 세포로 발전하고, 복잡하고 다양한 구조를 갖추게 되었을까?

1995년 노벨 생리의학상을 수상한 에드워드 루이스, 크리스티아네 뉘슬라인폴하르트, 에릭 위샤우스가 바로 이 궁금증에 대한 답을 찾았어. 이들은 동물이 발생하는 과정에서 유전자가 중요한 역할을 한다는 사실을 밝혀냈어. 특히, 배아가 처음 분화하는 초기에 이를 조절하는 유전자 무리인 '호메오박스'를 발견했지. 여기서 '배아'는 개체로 자라기까지의 초기 단계를 뜻해. 사람의 경우, 수정후 약 8주까지가 배아에 해당해.

정리하자면, 호메오박스는 몸의 각 기관이 만들어지는 데 관여하는 유전자 무리야. 이 유전자들은 수정란이 자라면서 몸의 어느 부분이 될지를 정해 주는 안내자 같은 역할을 해. 쉽게 말해, 호메오박스는 세포가 어떤 기능을 하는 세포로 변할지를 결정하는 중요한 열쇠라는 거지.

루이스와 뉘슬라인폴하르트는 노랑초파리를 관찰하면서 동물이 어떤 유전자의 영향을 받아 분화하는지 연구했어. 그리고 위샤우스는 예쁜꼬마선충을 관찰해 유전자가 어떻게 조절되는지 상세히 분석했지. 이들의 연구를 통해 세포의 운명 결정과 조직 형성에서 유전자가 어떤 역할을 하는지를 알아냈어.

이들의 연구는 동물의 발생 과정에서 유전자의 역할을 이해하는 데 큰 영향을 미쳤고, 발생 생물학 분야에 기초 지식을 넓히는 데 기여했어. 발생 생물학은 세포 생물학에서 더 확장된 분야로, 수정란이 어떻게 자라서 하나의 개체로 성장하는지를 연구하는 학문이야.

앞에서 언급한 노랑초파리와 예쁜꼬마선충 같은 생물들을 '모델 생물'이라고 불러. 과학자들은 사람을 직접 연구하기 어려웠기 때문에, 연구에 알맞은 생물을 골라서 대신 사용했어. 대표적인 모델 생물로는 이 외에도 대장균·애기장대·효모·쥐·제브라피쉬·암세포 등이 있어. 이들은 생명공학 발전에 기여하는 숨은 공로자라고 할 수 있어.

노벨상 1등 공신이 된 모델 생물

모델 생물 중에서 가장 유명한 건 노랑초파리와 예쁜꼬마선충이야. 그중에서도 예쁜꼬마선충에 대해 좀 더 자세히 알아보자. 예쁜꼬마선충은 이름에서 알 수 있듯이 실제로 보면 투명하고, 움직임이 아주 우아해. 크기는 겨우 1mm에 불과한 '꼬마'지만, 생김새와 움직임 때문에 '예쁜'이라는 단어가 붙은 거지. 예쁜꼬마선충은 과학자들이 가장 사랑하는 모델 생물 가운데 하나로도 유명해.

예쁜꼬마선충은 어디서든 잘 자라. 심지어 우주에서도 자랄 수 있어. 2018년에는 우주정거장에서 기르면서 연구를 하기도 했어. 작고, 냉동 보관이 가능하며, 세포 수가 적고(체세포는 959개), 몸이 투명해서 세포 분열 과정을 모두 관찰할 수 있어. 평균 3주 정도 사는데, 짧은 생애가 모델 생물로서 중요한 이유는 세대를 거듭하는 유전 연구를 하기에 알맞기 때문이야. 사람은 보통 80세까진 산다는 걸 떠올리면 이해가 될 거야.

　게다가 예쁜꼬마선충은 다세포 생물 중에서 유전체가 가장 먼저 해독된 생물이야. 놀랍게도 예쁜꼬마선충의 유전자 중 약 70%는 사람과 비슷하다는 사실도 밝혀졌

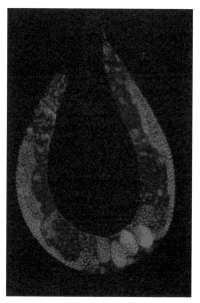

세포핵이 염색된 예쁜꼬마선충

어. 이런 이유에서 현재 전 세계 1,000곳 이상의 실험실에서 예쁜꼬마선충을 이용해 다양한 연구를 하고 있어.

예쁜꼬마선충은 노벨상과도 깊은 관련이 있어. 1995년과 2002년 생리의학상, 2008년 화학상 수상에서 큰 역할을 했거든.

2002년 노벨 생리의학상은 시드니 브레너, 하워드 호비츠, 존 설스턴이 일명 '세포 자살 유전자'를 알아낸 공로로 받았어. 이들은 예쁜꼬마선충의 유전자가 어떻게 개체의 성장과 생존에 영향을 주는지 연구했어. 그 과정에서 세포가 스스로 죽는 과정인 '세포 사멸'을 조절하는 핵심 유전자도 밝혀냈지. 이 연구 덕분에 에이즈AIDS 같은 난치병 치료제를 개발하는 데 단서를 제공했고, 새로운 연구 방향을 여는 데도 큰 역할을 했어.

2008년 노벨 화학상은 사실 2002년 생리의학상과 매우 가까운 연구였어. 이때 화학상을 받은 과학자들은 빛을 내는 단백질인 '녹색형광단백질'을 연구했어. 시모무라 오사무는 동물이 스스로 빛을 내는 현상을 연구하다가, 해파리에서 녹색형광단백질을 발견하고 분리해 냈어. 그는 이 단백질이 어떻게 빛을 내는지 원리를 밝혔고,

그걸 연구에 활용하는 방법도 개발했지.

마틴 챌피는 예쁜꼬마선충의 유전자에 녹색형광단백질을 이어 붙여서 세포의 어느 부분에서 초록색 빛(형광)이 나오는지를 알아냈어. 세포 구조와 기능을 연구할 수 있는 중요한 방법을 제공했지. 몸이 투명한 예쁜꼬마선충 덕분에 과학자들은 세포 안에서 어떤 유전자가 언제 활성화되는지, 그리고 단백질이 어떻게 움직이는지를 실시간으로 볼 수 있게 되었어. 이건 마치 공항에서 짐을 붙일 때, 바코드 스티커를 붙여서 짐이 바코드에 적힌 정보대로 이동하는 것과 비슷해. 하지만 여기서 발광 단백질은 짐처럼 미리 정해진 목적지가 있지 않아. 단백질이 어디로 가는지를 알아내기 위해 붙인 거야.

마지막으로 로저 첸은 녹색형광단백질이 더 밝고 선명하게 빛을 내도록 특성을 개선했어. 그리고 녹색뿐 아니라, 청색과 황색 형광 같은 새로운 색깔의 단백질을 만들어 냈어. 덕분에 연구자들은 원하는 실험에 맞춰 다양한 색의 단백질을 골라 쓸 수 있게 되었어. 이게 얼마나 유용하냐면, 우리가 공부할 때 한 가지 색의 형광펜만 쓰는 것보다 중요도에 따라 다양한 색의 형광펜을 사용하면 더 효율적인 것과 같아. 생물학 연구에서도 여러 색의 형광 단백질을 쓰면 훨씬 정확하고 효율적으로 세포나 단백질을 추적할 수 있거든.

형광 단백질은 오늘날 생물학 연구에서 빠질 수 없는 중요한 도구가 됐지. 이 과정에서 예쁜꼬마선충 같은 모델 생물들도 큰 역할을 했어. 진짜 작은 생물인데, 과학 발전에 엄청난 기여를 한 셈이야!

체세포 분열 과정은?

2001년에는 릴런드 하트웰이 세포 주기 조절 연구로 노벨 생리의학상을 수상했어. '세포 주기'는 세포가 분열하고 성장해 복제되는 과정을 말해. 이 과정은 아주 정교하고 반복적으로 이루어져. 세포 주기는 세포의 성장·분열·분화·재생 등과 관련한 중요한 과정이야.

하트웰은 맥주효모를 이용해 세포 주기를 연구했어. 그 과정에서 세포 주기를 조절하는 여러 단백질이 서로 신호를 주고받으면서 주기를 조절한다는 사실을 밝혀냈고,

세포 주기가 제대로 돌아가는 기본 원리도 찾아낸 거야.

앞에서 말했듯이, 효모는 단세포 진핵생물을 대표하는 중요한 모델 생물이야. 반면에 단세포 원핵생물에서는 대장균이 가장 대표적인 모델 생물로 쓰여. 효모는 구하기 쉽고, 관찰도 간단해. 생막걸리를 물과 섞어 희석한 후 현미경으로 관찰하면 저배율로도 잘 보여. 효모는 작고 둥근 모양이야. 한쪽에 작은 돌기가 생긴 뒤 그 돌기가 점점 커져서 새로운 효모로 분리되는데, 이 과정을 '출아'라고 해. 출아를 통해 한 개의 효모가 두 개로 복제되지. 이 과정은 쉽게 관찰할 수 있으니까, 직접 실험해 보는 걸 추천해.

하트웰은 세포 주기를 조절하는 단백질을 찾고, 그것들이 어떻게 서로 작용하는지를 분석함으로써 세포 주기를 이해했어. 세포 주기가 왜 중요하냐면, 암 같은 질병이 바로 세포 주기 조절에 문제가 생겨서 생기기 때문이야. 세포 주기가 제대로 조절되지 않으면, 세포가 멈추지 않고 계속 분열해서 결국 암세포가 돼. 원인을 알게 되면 그 병을 치료하는 데 큰 도움이 될 거야. (암에 대해서는 4장에서 따로 다룰 예정이니까 기대해!)

세포 주기에 대해 이야기한 김에 조금 더 자세히 알아보자. 몸을 이루는 세포(체세포)가 새로운 세포로 나누어지는 과정인 '체세포 분열' 과정부터 살펴볼게.

세포 주기는 크게 두 단계로 나눌 수 있어. 먼저, 세포가 열심히 준비하는 '간기'가 있고, 그다음 실제로 세포가 나눠지는 '분열기'가 있어. 간기는 G1단계·S단계·G2단계 순서로 진행되고, 분열기는 M단계라고 불러. 그리고 M단계는 다시 중기·후기·말기 이렇게 네 단계로 나눠져. 이 흐름을 잘 기억해 두면, 세포 주기를 이해하는 데 큰 도움이 될 거야.

세포 주기는 G1단계 → S단계 → G2단계 → M단계 순서로 진행돼. 그중 G1단계(Gap 1단계)를 먼저 살펴보자. G1단계는 앞선 세포 분열과 다음 세포 분열 사이에 있는 준비 기간이야. 운동선수로 치면, 경기 준비를 하는 훈련 기간과 같은 거지. 이때 세포는 열심히 성장하고, 필요한 물질도 만들면서 다음 단계에 대비해. 그리고 세포가 분열할 준비가 모두 끝나면, 분열 시작 신호를 받으면서 다음 단계로 넘어가게 돼. 마치 운동선수가 훈련하고 쉬다가, 경기 일정이 정해지면 드디어 경기에 나가는 것처럼 말이야.

다음은 S단계(Synthesis 단계)로, 합성 단계야. 이 단계에서는 바로 DNA를 복제해. DNA는 세포의 유전정보를 담고 있어서, 분열한 뒤에 생기는 두 세포가 똑같은 정보를 가져야 해. 그래야 같은 기능을 제대로 할 수 있거든. 그래서 이 단계가 특히 중요한 거야.

그다음은 G2단계(Gap 2단계)야. 이 단계는 S단계와 M단계 사이에 있어. G2단계에서는 S단계에서 복제한 DNA에 오류가 없는지 확인하고, 잘못된 부분이 있으면 고쳐. 또, 다음 단계인 M단계에서 필요한 단백질도 미리 만들어 둬. 만약 복제된 유전자에 문제가 남아 있으면 큰일이니까, 이 과정에서 꼭 점검하고 수정하는 거야. 물론 돌연변이는 완전히 막을 수 없지만, 최대한 실수를 줄이려고 하는 거지.

마지막으로 M단계(Mitosis 단계)인 분열 단계야. 이때 세포는 실제로 두 개로 나눠져. '유사 분열'이라고도 부르는데, 이 과정은 몇 가지 세부 단계로 나눠져 있어. 조금 복잡하긴 하지만, 하나씩 천천히 설명해 줄게.

전기: 이 단계에서는 유전물질이 실처럼 풀어져 있

어. 실이 풀려 있으면 정리가 어렵잖아. 그래서 유전물질이 뭉쳐서 덩어리가 돼. 이 덩어리를 '염색체'라고 부르지.

중기: 복제된 염색체가 세포의 중심에 잘 배치되는 단계야. 세포가 분열해도 똑같이 나눠 가지려면, 먼저 이렇게 정리하는 게 중요하거든. 참고로, 이 단계는 세포 분열기에서 가장 짧은 시기라서 실제로 관찰하기가 조금 어려워.

후기: 이제 염색체들이 하나씩 나눠져서 세포 양쪽 끝으로 이동해. 이 과정에서 염색체가 정확히 반반 나눠지는 거야.

말기: 사라졌던 핵막이 다시 만들어지고, 세포는 분열 전 모습으로 돌아가려고 해. 그리고 곧 두 개의 새로운 세포로 완전히 나눠지게 돼.

생식세포 분열 과정은?

이 과정을 거치고 나면, 하나였던 세포가 두 개로 나눠져. 분열하기 전 세포는 '모세포(엄마세포)'라고 부르고, 분열

후 새로 생긴 세포는 '딸세포'라고 해. 재밌는 건, 효모처럼 단세포 생물은 이런 세포 분열로 자기랑 똑같은 새 세포를 만든다는 거야. 그래서 이 과정은 채세포 분열인 동시에 새로운 생명체를 만드는 생식 활동이기도 해.

체세포 분열의 단짝인 생식세포 분열도 알아보자. '생식세포 분열'은 정자나 난자 같은 생식세포가 만들어지는 과정을 말해. 단세포 생물에서는 세포 분열이 체세포 분열이자 생식세포 분열이지만, 많은 다세포 생물은 체세포 분열과 생식세포 분열의 과정이 달라.

가장 큰 차이점은 세포 내 염색체의 수가 반으로 줄어들고, 하나의 모세포가 4개의 딸세포로 나뉜다는 점이야. 이 과정에서 염색체 수가 반으로 줄어드는데, 이것 때문에 생식세포 분열을 '감수 분열'이라고 불러. 감수 분열은 한 번만 나누는 게 아니라 두 번연속으로 분열이 일어나거든. 그래서 감수 분열은 제1분열과 제2분열, 이렇게 두 단계로 나눠서 설명할게.

제1분열의 가장 큰 특징은, 분열이 끝난 뒤 염색체 수가 절반으로 줄어든다는 거야. 이 과정에서 중기에는 엄마한테 물려받은 염색체와 아빠한테 물려받은 염색체가 서로 쌍을 이룬 채 나란히 세포 한가운데에 배열돼. 그리고 후기에는 그 쌍이 두 쪽으로 나뉘면서 세포 양끝으로 이동해. 체세포 분열과 비교하면 이 부분이 다르지. 체세포 분열에서는 중기에 각 염색체가 혼자서 세포 중앙에 줄지어 서거든.

제2분열을 살펴보자. 제2분열은 과정 자체는 체세포 분열과 거의 비슷해. 하지만 중요한 차이점이 있어. 제1분열과 제2분열 사이에는 DNA를 복제하는 과정(간기)이 없어서, 제2분열이 끝나면 DNA 양이 반으로 줄어들어. 결국 제1분열로 염색체 수가 반으로 줄어든 딸세포 2개가 생기고, 이 딸세포들이 다시 각각 둘로 나뉘면서, 처음 하나였던 모세포에서 총 4개의 딸세포가 만들어지는 거야. 이 세포들이 나중에 정자나 난자로 자라는 거지.

이렇게 생식세포 분열이 일어나야 새로운 생명이 시작될 준비가 되는 거야. 그리고 이 과정 덕분에 부모의 유전정보를 섞어서 새로운 유전적 특성을 가진 아이가 태어날 수 있어. 생식세포 분열은 단순히 세포를 나누는 게 아니라, 생명의 다양성을 만들어 내는 중요한 역할을 한다는 걸 꼭 기억해 두자!

구분	체세포 분열	생식세포 분열(감수 분열)
분열 횟수	1회	연속 2회
딸세포 수	2개	4개
염색체 수	변화 없음	반으로 줄어듦
DNA 양	변화 없음	반으로 줄어듦

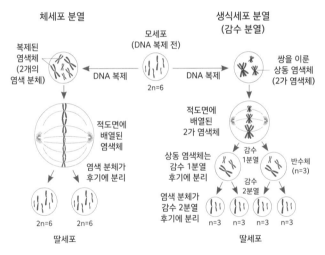

체세포 분열과 감수 분열

세포의 죽음과 부활

2009년, 2012년, 그리고 2016년에 노벨 생리의학상을 받은 과학자들의 연구는 정말 대단했어. 이 연구들이 왜 중요한지 알아? 바로 우리 몸의 많은 질병과 관련이 깊기 때문이야.

2009년에는 엘리자베스 블랙번, 캐럴 그라이더, 잭 쇼스택이라는 과학자들이 노벨상을 받았어. 이 사람들이 뭘 했냐면, 바로 '텔로메라제'라는 아주 중요한 효소를 발견한 거야. 텔로메라제는 우리 몸의 염색체 끝을 보호해 주는 역할을 해.

왜 이게 중요하냐고? 우리 몸의 세포들은 계속 분열하면서 자라는데, 문제는 세포가 나눌 때마다 염색체 끝이 조금씩 짧아진다는 거야. 마치 연필을 계속 깎으면 점점 짧아지는 것처럼 말이야. 그래서 세포가 정해진 횟수만큼 나눠지고 나면 결국 죽게 돼.

이건 우리 몸이 가진 똑똑한 안전장치야. 왜냐하면 세포가 너무 많이 분열하면, 그 과정에서 돌연변이가 생길 위험이 커지거든. 그래서 우리 몸은 세포가 무한히 나누어지지 못하도록 일부러 이런 장치를 갖춘 거야.

그런데 만약 염색체 끝이 계속 짧아지지 않는다면 어떻게 될까? 그 세포는 계속 살 수 있게 돼. 얼핏 보면 좋은 일 같지만, 꼭 그렇지만은 않아. 세포가 무한히 분열하다 보면 암이 생길 위험도 커지거든. 하지만 반대로 이걸 잘 조절할 수 있다면 어떻게 될까? 이론적으로는 생명체가 영원히 살 수도 있다는 얘기야. 실제로 어떤 해파리는 이런 방식으로 불로장생을 한다고 알려져 있어.

이해하기 쉽게 설명해 줄게. 너희가 정말 아끼는 한 정판 운동화가 있다고 생각해 봐. 운동화 윗부분은 멀쩡한데 밑창만 닳았어. 그래서 버려야 한다면 얼마나 아깝겠어? 그런데 만약 밑창만 새 걸로 바꿀 수 있다면 그 운동화를 계속 신을 수 있겠지?

이 연구의 비밀이 완전히 풀리면 어떻게 될까? 우리 인간도 언젠가 그 해파리처럼 영원히 살 수 있게 될지도 몰라. 정말 놀랍고 흥미진진한 연구 결과지? 이런 연구들이 계속되어 우리의 미래가 어떻게 바뀔지 상상하는 것만으로도 신나지 않아?

2012년에는 존 거든과 야마나카 신야가 노벨 생리

의학상을 받았어. 두 과학자는 아프리카발톱개구리라는 특별한 척추동물을 모델 생물로 이용해서 아주 혁신적이고 흥미로운 실험을 했지. 실험의 핵심은 이 개구리의 난자를 활용하는 거였어. 먼저 난자에서 핵을 꺼내 자외선으로 파괴했어. 그리고 난자에 소장의 상피세포에서 꺼낸 핵을 그 난자에 이식했지. 놀랍게도 이렇게 해서 올챙이가 태어나는 데 성공한 거야.

이 실험은 난자와 정자가 만나서 수정란이 만들어지는 기존 방식과는 완전히 달랐어. 여기서는 소장 세포에서 꺼낸 핵을, 원래 핵이 제거된 난자에 넣는 방법을 쓴 거야. 원래 난자는 염색체를 반만 가지고 있는데, 소장 세포의 핵은 염색체를 전부 갖고 있거든. 그런데도 이렇게 핵을 바꿔 넣었더니, 난자가 마치 정상 수정란처럼 다시 분열을 시작한 거야. 이걸 통해 이미 분화가 끝난 세포도 다시 초기 세포처럼 되돌아갈 수 있다는 걸 증명한 거지. 이 발견은 생명과학 연구에 엄청난 영향을 줬고, 특히 손상된 조직이나 장기를 되살리는 재생의학의 가능성을 크게 넓혔어.

아프리카발톱개구리는 생명력이 정말 강한데, 우리

나라에서는 환경부가 지정한 위해우려종이기도 해. 평균 수명도 20년 정도로 꽤 길어. 이런 특성 덕분에, 아프리카발톱개구리는 여러 생물학 연구에서 중요한 모델 생물이 됐어.

2016년에는 우리나라를 포함한 7개국 과학자 60명이 힘을 모아서, 7년에 걸쳐 아프리카발톱개구리의 유전체를 완전히 해독하는 데 성공했어. 이 연구는 생명과학 역사에서도 의미 있는 큰 성과로 남았지.

1980년대에는 아프리카발톱개구리를 이용한 복제 연구가 성공했어. 이 연구는 훗날, 세계 최초의 체세포 복제 포유류인 돌리를 탄생시키는 데 중요한 밑바탕이 됐지. 돌리는 1996년에 태어났는데, 과정이 아주 특이했어. 난자를 제공한 양, 핵을 제공한 양 그리고 돌리를 실제로 품고 키운 양이 모두 달랐거든. 이런 복제 기술은 생명과학에 새로운 가능성을 열어 줬고, 다양한 생물체의 복제와 유전학 연구에도 큰 영향을 미쳤어.

이 기술은 지금도 계속 발전하고 있어. 일반 체세포에서 여러 종류의 세포로 변할 수 있는 '유도 만능 줄기세포'를 만드는 기술로 이어지고 있지. 이 기술이 완벽하게 개발된다면, 우리 몸에서 나온 세포로 필요한 조직이나 장기를 만들 수 있어. 그러면 면역 거부 반응 없이 질병을 치료할 수 있는 길이 열릴 거야. 예를 들어, 내 몸의 세포에서 핵을 꺼내 유도 만능 줄기세포를 만든 다음, 그걸 필요한 세포로 키워서 내 몸에 이식하는 거야. 이렇게 하면 내 세포로 만든 거니까 면역 거부 반응 걱정도 없겠지.

세포로 노화를 방지한다고?

2016년에는 오스미 요시노리가 세포의 자가포식(autophagy)을 연구해서 노벨상을 받았어. 자가포식은 그리스어에서 유래한 단어로, '자기auto'와 '포식phagein'이 합쳐진 거야. 쉽게 말하자면, 세포가 스스로 자기 몸을 분해하고, 그걸 다시 필요한 곳에 재활용하는 과정을 의미해.

자가포식은 세포가 영양이 부족할 때나 세포 안에 손상된 소기관이나 비정상적인 단백질이 생겼을 때, 그걸 분해하는 역할을 해. 이런 과정은 정상 세포가 암세포로 변하는 걸 막는 데도 도움이 되고, 치매 같은 신경질환을 억제하는 데도 관련이 있다는 연구 결과가 나왔어.

또 자가포식을 하는 세포는 자가포식을 하지 않은 세포보다 영양이 부족한 상황에서도 더 오랫동안 살아남는다는 사실도 밝혀졌어. 흥미로운 건, 자가포식이 인간의 노화와도 관련이 있다는 거야. 요즘 유행하는 '간헐적 단식'도 자가포식과 연결된다고 볼 수 있어. 간헐적 단식은 일정 시간 동안 음식을 먹지 않고 단식을 유지하는 방법인데, 예를 들어 24시간 중 16시간은 단식하고, 나머지 8시간 동안 식사를 하는 식이야. 이렇게 일정 시간 단식을 하면, 우리 몸이 일종의 '기아 상태'가 되는데, 이때 세포에서 자가포식이 활발해져. 덕분에 세포 안의 노폐물이나 손상된 부분을 정리하면서 암세포가 생길 위험을 낮추고 노화를 늦추는 데 도움이 될 수 있다고 해.

물론 성장기에는 간헐적 단식을 하면 안 돼. 하지만 성장이 끝난 후에는 비만 예방과 치료는 물론, 노화 예방에 효과가 있다고 알려져 있어. 세포 하나가 하는 이런 작은 일이 우리 몸 전체에 큰 영향을 준다는 게 정말 신기하지? 자가포식이라는 과정이 이렇게 다양한 생명 현상과 연결되어 있다는 점이 얼마나 놀라운지 보여 주는 예야.

2019년에는 윌리엄 케일린, 피터 래트클리프, 그레그 세멘자가 노벨상을 받았어. 이들은 세포가 산소 농도에 어떻게 적응하는지를 연구했어. 이 연구는 산소 부족과 관련된 빈혈이나, 산소 공급이 중요한 암 같은 질병을 치료하는 데 실마리를 제공했지.

산소가 부족한 상황이 우리 몸에 어떤 영향을 주는지부터 살펴보자. 우리가 높은 산에 올라가면 고산병에 걸릴 수 있는데, 그 이유는 높은 곳일수록 산소가 적기 때문이야. 평소에 숨 쉬면서 들이마시던 산소보다 훨씬 적은 양을 흡수하게 되면, 현기증·두통·이명·심장 박동수 증가 등의 증상이 나타나. 사람이 산소 결핍에 계속 노출되면, 혈액 속에서 산소를 운반하는 적혈구가 늘어나는 경향이 있어. 고산지대뿐만 아니라, 광부처럼 산소가 부족한 환경에서 계속 일하는 사람도 마찬가지야.

이처럼 산소 농도가 낮아지면 다양한 질병이 생길 수 있는데, 이와 관련된 유전자나 적혈구 생성 인자, 단백질 복합체의 세포 내 반응을 연구한 공로로 이 과학자들은 큰 인정을 받았어.

슈퍼마켓에서 노벨상까지

2021년 수상자는 데이비드 줄리어스, 아뎀 파타푸티언이야. 두 과학자는 우리 몸에서 온도와 압력에 반응하는 세포인 '수용체'를 발견했어. 2021년은 코로나19 팬데믹 시기였기 때문에 많은 사람이 노벨 생리의학상이 백신 개발을 연구한 과학자에게 돌아갈 거라고 생각했지만, 그 예상은 빗나갔지.

온도나 압력에 반응하는 수용체는, 우리 몸이 주변 환경의 변화를 알아채고 적절히 반응할 수 있게 도와주는 중요한 역할을 해. 사람들은 오래전부터 우리가 어떻게 온도나 촉감을 느끼고, 그 신호가 어떻게 뇌까지 전달되는지 궁금해 했지만, 그 정확한 원리는 오랫동안 미스터리였어. 그런데 이 중요한 연구가 슈퍼마켓에서 장을 보다가 떠올린 아이디어에서 시작되었다는 게 참 놀라워.

줄리어스는 야채 코너를 지나가다가 '고추와 핫소스는 어떻게 매운맛과 통증을 일으키는 걸까?'라는 궁금증이 생겼어. 그래서 매운맛의 주성분인 캡사이신에 반응하는 유전자를 발견하고, 그와 관련된 수용체를 찾아내서 이름을 붙였지. 파타푸티언은 이 수용체의 종류 가운데 하나가 박하 오일에서 발견되는 화학 물질인 멘솔과 관련 있다는 것을 밝혀냈어. 이 수용체는 낮은 온도에서도 반응한다는 점이 흥미로워.

두 과학자는 인간이 특정 수용체를 통해 통증·온도·압력 같은 외부 자극을 감지한다는 사실을 밝혀낸 거야. 이 연구 덕분에 우리 몸이 어떻게 외부 환경과 상호작용하는지를 더 깊이 이해하게 되었지.

어때, 노벨 생리의학상을 살펴보니까 세포에 대해 많은 걸 알게 됐지? 과학자들이 일상에서 느낀 작은 궁금증에서 출발해, 이렇게 중요한 발견으로 이어졌다는 점도 정말 흥미롭지 않아? 우리도 주변에서 궁금한 게 생기면 그냥 넘기지 말고 계속 탐구해 나가야겠다는 생각이 들어.

틈새 토론

노화를 늦추는 연구를 해도 될까?

노화는 세포가 손상되고 기능을 잃어 가는 과정이다. 과학자들은 세포 연구를 통해 노화 속도를 늦추거나 멈추는 방법을 찾고 있다.

찬성

건강하게 오래 살기 위해서는 적극적으로 연구해야 해.

반대

노화를 부정적으로 생각하는 건 신중해야 해.

생각 TIP

노화를 늦추면 질병을 예방할 수 있을까?

노화 방지 기술이 발전하면 삶이 더 나아질까?

오래 사는 것이 꼭 좋은 일일까?

노화를 늦추는 것이 모든 사람에게 공평하게 적용될까?

찬성 근거

1) 세포가 늙으면 암, 치매, 심장병 같은 질병이 생기기 쉬워. 세포의 노화를 조절하면 이런 질병을 예방할 수 있어서 삶의 질이 훨씬 높아질 거야.

2) 노화 방지 기술이 발전하면 경제적으로 큰 이점이 있어. 사람들이 건강하게 오래 살면 의료비를 비롯한 복지 비용이 줄어들면서 사회 전체의 경제적 부담을 덜 수 있어.

반대 근거

1) 인구가 지나치게 많아지면 자원이 부족해지고, 일자리 문제도 심각해질 수 있어. 평균 수명이 늘어나면 젊은 사람이 자리 잡기 어려워지면서 세대 갈등이 심해질 가능성도 있어.

2) 기술이 발전하더라도 치료 비용이 비싸면 일부만 혜택을 받을 수 있어. 빈부 격차가 심해지면서 사회적으로 큰 불평등이 발생할 거야.

4장

줄기세포가 만능 치료제라고?

#배양육 #줄기세포 #유전자 편집

#체세포 복제 #오가노이드

복제 양 돌리

복제 양 '돌리'는 세계 최초의

체세포 복제로 태어난 포유류야.

돌리의 탄생은 유전공학의 새 시대를 열었어.

하지만 일찍 병에 걸렸고, 결국 안락사되었지.

하지만 이 연구 덕분에 **줄기세포 기술**이

발전해서 지금은 세포를 재생하고

치료하는 길이 열리고 있어!

실험실에서 만든 고기

싱가포르 하면 뭐가 떠올라? 나는 요즘 '배양육'이 떠오르더라고. 싱가포르는 최초로 배양육을 판매한 나라거든. 배양육이 뭐냐면, 쉽게 말해서 실험실에서 세포를 길러서 만든 고기야. 이걸 우리가 운동해서 근육을 키우는 원리와 비교해서 설명해 줄게.

배양육

운동을 열심히 해서 근육이 성장하는 데는 4단계가 있어. 1단계는 '근육 파괴'야. 운동을 하면 근육을 이루는 섬유들이 일시적으로 손상을 입는 거지. 그런데 이걸 무서워할 필요는 없어. 오히려 이 과정이 근육을 키우는 데 꼭 필요하거든. 2단계는 '염증 반응'이야. 손상된 근육의 섬유를 회복시키면서 근육 성장을 돕는 과정이지. 그래서 운동선수들은 염증 반응을 줄이기 위해 운동 직후에 냉찜질을 하거나 저온 치료를 받기도 해.

3단계는 '단백질 합성' 과정이야. 운동한 후에 몸은 손상된 근육을 회복하고 더 튼튼하게 하기 위해 단백질을 새로 만들어. 마지막 4단계는 '근육 성장' 단계야. 새로운 근육 섬유가 형성되면, 근육의 크기와 강도가 증가하는 거지.

물론, 이 과정이 실제 몸에서 근육이 자라는 것과 완전히 똑같진 않아. 하지만 실험실에서도 비슷한 방법으로 근육세포를 키울 수 있어. 먼저 원하는 동물의 근육세포를 채취해. 그리고 이 세포들이 분열하고 성장할 수 있도록 영양소와 성장 인자를 공급해 주는 거야. 그러면 근육세포들이 점점 자라고, 나중에는 근육 조직과 비슷한 구조로 변해. 이렇게 자란 근육세포들을 모아서 뭉치면 우리가 먹는 고기와 비슷한 덩어리가 만들어지는 거지.

이 과정에서 3D 프린터를 쓰기도 해. 일반적인 3D 프린터는 플라스틱을 재료로 사용하는데, 여기서는 플라스틱 대신 배양한 근육세포를 재료로 쓰는 거야. 사실 배양육이라는 아이디어는 이미 오래전 영국 총리였던 처칠이 책 《50년 뒤의 세계》에서 언급한 적이 있어. 그는 "50년 뒤에는 닭을 통째로 기르지 않고 필요한 부위만 따로 기를 수 있을 것이다"라고 말했거든. 물론 지금의 배양육과 완전히 같은 건 아니지만, 기본적인 생각은 꽤 비슷하다고 할 수 있지.

근육 조직을 배양하는 기술 자체는 이미 1930년대에 성공했어. 하지만 배양육을 실제 음식으로 만든 건 비교적 최근인 2013년의 일이야. 네덜란드의 마크 포스트 교수팀이 최초로 소의 근육세포를 배양해 인공 소고기 패티를 만들었어. 이 패티는 TV 프로그램에서 시식하는 장면이 공개되기도 했는데, 근육세포만으로 만들다 보니 식감이 조금 퍽퍽하긴 했지만, 맛이나 느낌은 실제 고기와 크게 다르지 않다는 반응이 나왔어.

우리가 고기를 먹을 때 마블링이라고 해서 근육 사이에 지방이 적당히 섞여 있는 걸 좋아하잖아? 그래서 이후에는 근육세포와 지방세포를 함께 배양해, 더 맛있는 배양육을 만들기 시작했어.

　배양육이 주목받는 이유는 안정적으로 식량을 공급할 수 있을 뿐만 아니라, 가축을 키울 때 나오는 환경오염도 줄일 수 있기 때문이야. 실제로 가축을 기르는 과정에서 매년 30억 톤이 넘는 이산화탄소가 배출된다고 하거든.

　배양육이 장점만 있는 건 아니야. 생산 비용이 많이 줄었다고는 해도, 아직 대량생산이 어려워서 같은 양의 고기를 만드는 데 드는 비용이 훨씬 비싸. 실제로 2013년에 첫 배양 패티 하나를 만드는 데 약 4억 원이나 들었어.

　그리고 가축을 기를 때 나오는 배설물이나 방귀에서 발생하는 온실가스는 줄일 수 있어도, 배양육을 만드는 데 드는 전력 사용이나 탄소 배출이 더 문제라는 지적도 있어. 앞으로 배양육이 진짜 친환경 식품이 될 수 있을지는 좀 더 지켜봐야 할 것 같아.

반려동물을 되살린다고?

체세포 복제를 통해 복제 양 돌리가 세상에 나온 뒤로, 동물 복제에 대한 관심이 폭발적으로 늘었어. 하지만 돌리가 쉽게 태어난 건 아니야. 과학자들은 무려 20년 동안 연구를 거듭했고, 277번이나 시도한 끝에 비로소 돌리를 탄생시켰지. 이렇게 수많은 노력 끝에 태어난 돌리는, 그야말로 과학의 기적 같은 존재였어.

돌리가 탄생한 이후로 복제 기술은 계속 발전해 왔고, 그 덕분에 돌리 외에도 55종이 넘는 동물이 복제되었어. 심지어는 멸종된 동물을 복제하는 데 성공하기도 했

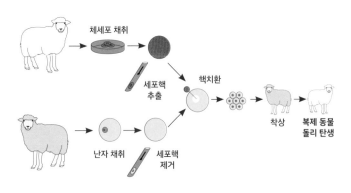

복제 양 돌리의 탄생 과정

어. 이는 과학자들이 다양한 기술을 발전시킨 덕에 가능했어. 특히, 세포를 어떻게 다루고 조작할 수 있는지에 대한 이해가 크게 깊어진 게 결정적이었지. 복제 기술이 발전하면서 우리는 동물의 유정정보나 생명체의 다양한 특성을 더 깊이 이해할 수 있게 되었어.

그런데 요즘 동물 복제 분야에서 새롭게 주목받고 있는 이슈가 바로 반려동물 복제야. 복제 양 돌리를 탄생시킨 로슬린 연구소는 운영 자금을 마련하기 위해 1998년 미국 텍사스에 있는 '비아젠'이라는 기업에 복제 기술의 지적 재산권을 넘겼어. 비아젠은 이 기술을 활용해 황소 같은 가치가 높은 가축을 복제했지. 사실 좋은 형질, 그러니까 생물이 가진 좋은 모양이나 성질은 다음 세대로 넘어가면서 사라지거나 약해지는 경우가 많았거든.

2015년, 로슬린 연구소는 새로운 사업으로 반려동물 복제에 뛰어들었어. 고양이를 복제하는 데는 약 4,700만 원, 개는 약 6,700만 원, 말은 무려 1억 1,400만 원 정도가 든다고 해. 보통 사람들 입장에서는 너무 비싸서 거의 아무도 안 할 것 같지만, 놀랍게도 2022년까지 이미 수백 마리가 복제된 것으로 알려졌어.

특히 미국의 가수 바바라 스트라이샌드가 2017년에 자신의 반려견을 복제했는데, 이 일이 엄청난 화제가 되었지. 우리나라에도 동물 복제 사업을 하는 회사가 있고, 한 유튜버가 자신이 기르던 사모예드를 잃고 복제견을 얻는 과정이 큰 이슈가 되기도 했어.

동물 복제의 치명적 문제

2022년에는 농림축산식품부에서 '2022 동물보호 국민의식조사'에 따르면 반려동물을 키우는 가구 비율이 25.4%였어. 반려동물을 가족처럼 여기는 사람이 점점 늘어나고 있다는 뜻이야. 앞으로도 반려동물을 키우려는 사람들은 계속 많아질 거라고 예상돼.

반려동물을 잃으면 우울증 같은 증상이 생기기도 하는데, 이런 상태를 '펫로스 증후군'이라고 해. 많은 사람이 이를 극복하는 방법으로 반려동물 복제를 생각하고 있는 거지.

복제 동물에는 문제가 없을까? 법적으로 보면, 우리

나라에서는 2022년 8월 동물보호법이 개정되면서 반려동물 복제를 금지하는 조항이 삭제됐어. 그래서 지금은 법적으로 반려동물 복제가 가능해진 상태야. 하지만 윤리적인 문제도 여전히 남아 있어. 동물을 단순한 도구처럼 여기는 시각이 문제로 지적되고 있고, 복제 과정에서도 여러 논란이 이어지고 있어.

복제를 하려면 일단 난자를 제공해 줄 동물이 복제를 성공시키기 위해 한 번에 여러 번 시도하는데, 그 과정에서 여러 마리의 복제 동물이 태어나는 경우가 많아. 왜냐하면 성공 확률을 높이기 위해 한 번에 여러 개의 난자를 대리모의 자궁에 착상시키기 때문이야. 그런데 이렇게 태어난 복제 동물들 중에서, 원래 반려동물과 가장 비슷하게 생긴 동물만 선택해 키우는 경우가 많아. 그럼 나머지 복제 동물들은 어떻게 될까? 이 부분이 정말 고민스러운 문제야.

게다가 복제 동물은 이전의 반려동물과 완전히 똑같은 존재가 아니야. 동물의 특징은 유전적인 요소뿐만 아니라, 어떤 환경에서 어떻게 자랐는지도 크게 영향을 주거든. 예를 들어, 일란성 쌍둥이도 서로 다른 환경에서 자라면 성격이나 행동이 달라지는 경우가 많아. 이런 점을 생각하면 복제 동물이 원래 반려동물과 같은 경험을 하거나 똑같은 성격을 가질 수 없다는 걸 알 수 있어.

또한 복제 동물은 노화가 빨라지고 일찍 죽는 경우가 많아. 그 이유는 앞에서도 설명했지만, 복제를 위해 사용된 세포의 염색체 끝이 이미 짧아져 있기 때문이야. 세포는 분열할 때마다 염색체 끝부분이 조금씩 짧아지는데, 이 과정은 세포가 무한히 분열해 암세포가 되는 걸 막기 위한 중요한 장치야. 실제로 복제 양 돌리도 태어난 지 6년 만에 노화로 인한 건강 문제로 안락사됐어. 보통 양은 12년 정도 사는데, 돌리는 절반밖에 살지 못한 거지. 그 이유는 돌리를 만들 때 핵을 제공한 양이 이미 6살이었기 때문이야. 연구 결과에 따르면, 돌리의 염색체 끝은 정상적인 양보다 짧았다고 해.

사랑하는 반려동물을 잃은 마음은 충분히 이해되지만, 복제 동물에 대해서는 정말 신중해야 할 것 같아. 복제는 과학적으로 가능하더라도, 그 과정에서 생기는 여러 문제와 윤리적인 고민이 많으니까.

멸종동물을 복제할 수 있을까?

반려동물 복제와 함께 과학자들은 체세포를 이용한 멸종동물 복제에도 많은 노력을 기울이고 있어. 반려동물 복제가 기업의 이익을 추구하는 성격이 강하다면, 멸종동물복제는 학문적 연구의 의미가 더 크다고 할 수 있어.

가장 주목받는 연구가 바로 매머드 복제야. 매머드는 커다란 몸집에 휘어진 상아 그리고 긴 털이 특징인 동물이야. 매머드 화석을 보면 어깨까지 높이가 약 5m, 몸무게는 약 8톤 정도였다고 해. 매머드는 마지막 빙하기가 끝나면서 멸종했다고 알려졌는데, 그 원인으로는 기후변화·전염병·인간의 사냥 등이 제기되고 있지만 확실한 건 없어. 그런데 왜 과학자들은 이미 멸종된, 그것도 약 1만 년 전에 사라진 매머드를 다시 복제하려는 걸까?

과학자들은 매머드를 복원해 북극 지역에서 다시 살게 하면, 매머드가 생태계에서 중요한 역할을 하면서 북극의 초지를 되살리고 건강한 생태계를 만드는 데 도움이 될 거라고 기대하고 있어. 그렇게 되면 북극의 땅속에 갇혀 있던 막대한 양의 이산화탄소와 메탄이 대기 중으로 방출되는 것도 막을 수 있다는 주장도 있어.

동물을 복제하려면 뭐가 필요했는지 기억나? 맞아, 먼저 핵을 제공할 체세포가 필요하고, 그 핵을 넣을 난자도 필요해. 그리고 수정란을 착상시켜서 실제로 새끼를 낳아 기를 대리모 역할의 암컷도 있어야 하지. 그렇다면 지금 이 조건들이 다 갖춰져 있을까?

일단 체세포는 시베리아 툰드라에서 발견된 얼어붙은 매머드 덕분에 어느 정도 확보할 수 있었어. 툰드라 지역은 땅속 깊이 차가운 영구동토층이 있어서, 매머드 사체가 잘 보존되어 있었거든. 이렇게 자연이 만든 거대한 냉동고 덕분에 썩지 않은 매머드가 발견된 건 정말 놀라운 일이야. 현재 추정으로는 시베리아 일대에 150만 구가 넘는 매머드 사체가 묻혀 있다고 해. 복제를 위한 첫 번째 조건은 어느 정도 충족된 셈이지. 하지만 아무리 냉동 상태가 좋다 해도 1만 년 넘는 시간이 흐른 만큼 매머드 세포에서 제대로 보존된 DNA를 찾고, 그 안에서 핵을 온전한 상태로 분리해 내는 과정이 필요해. 이게 쉬운 일은 아니야.

다음으로 난자가 필요한데, 냉동 상태의 난자로는

해결이 되지 않아. 그래서 과학자들은 매머드와 DNA가 99.6% 일치하는 아시아코끼리의 난자를 사용하기로 했어. 마지막으로 수정란을 착상시켜 키울 암컷이 필요해. 과학자들은 아시아코끼리를 대리모로 쓰려고 했지만, 여러 번 시도해도 모두 실패하고 말았어. 사실 매머드 복제 시도는 2010년부터 계속됐지만, 뚜렷한 성과를 내지 못했거든.

2021년에 들어 약 200억 원을 투자받으면서 이 프로젝트가 다시 활기를 띠게 되었어. 기존과 다른 점은 코끼리 대리모 대신 인공 자궁을 이용하기로 했다는 거야. 또한 유전자 편집 기술을 이용해서 추운 환경에서도 견딜 수 있도록 10cm 이상의 지방층을 가진 매머드를 만들기로 했지. 여기에 더해, 아시아코끼리가 잘 걸리는 헤르페스 바이러스에 저항성을 갖도록 하고, 밀렵꾼들의 표적이 되는 긴 상아도 아예 없애기로 했어. 참고로, '유전자 편집' 기술은 말 그대로 유전자를 가위처럼 잘라 내고, 필요한 유전자를 풀처럼 붙여서 특정 질병에 강하게 만들거나 원하는 특징을 갖도록 하는 기술이야.

그런데 이 과정에는 여러 논란이 따라. 이렇게 덩치

큰 동물을 인공 자궁에서 제대로 키울 수 있을까 하는 의문이 있어. 그 외에도 복제에 필요한 여러 조건을 충족시켜도 실제로 복제가 성공할 수 있을지는 아직 불확실해. 만약 성공한다고 해도 아시아코끼리의 난자를 쓰고, 유전자 편집까지 거쳐 태어난 매머드가 과연 '진짜 매머드'라고 할 수 있을까? 이런 논란은 멸종동물이나 멸종 위기 동물을 복제할 때마다 항상 따라오곤 해. 실제로 북극늑대를 복제할 때는 비글(개의 한 품종)을 난자 제공자이자 대리모로 사용했고, 검은발족제비를 복원할 때는 흰족제비의 난자와 자궁을 이용했거든.

미래를 바꿀 줄기세포 기술

동물 복제에서 '체세포 하나가 새로운 개체로 자란다'는 건 어떤 의미일까? 이미 모양과 기능이 정해진 체세포의 핵이, 마치 수정란처럼 모든 가능성을 가진 초기 상태로 되돌아가서, 그 핵이 다시 다양한 세포로 분화해 한 생명체를 만들어 낸다는 뜻이야.

여기서 알아야 할 중요한 단어가 있어. 바로 '줄기세포'야. 우리가 강낭콩을 키운다고 상상해 보자. 처음에 하나의 씨앗이었던 강낭콩이 뿌리를 내리고, 떡잎이 나온 다음 줄기를 뻗게 되지. 처음에는 한 줄기였던 것이 여러 갈래로 나뉘고, 그 끝에 잎이 매달리거나 꽃이 필 거야. 이처럼 줄기세포는 줄기가 여러 갈래로 나뉘는 것처럼, 다양한 종류의 세포로 분화할 수 있어.

줄기세포는 크게 두 가지로 나눌 수 있어. 하나는 수정란이 분열해서 만들어지는 '배아 줄기세포'고, 다른 하나는 성인 몸에서 발견되는 '성인 줄기세포'야. 이 둘의 가장 큰 차이는, 배아 줄기세포는 몸을 이루는 거의 모든 세포로 분화할 수 있지만, 성인 줄기세포는 특정한 종류의 세포로만 분화할 수 있다는 점이야.

성인 줄기세포는 뼈 골수·지방 조직·피부·근육·신경 조직 등에서 그리고 각 조직에 맞는 세포로 분화하는 역할을 해. 예를 들어, 성인의 뼛속 골수에 있는 줄기세포는 혈액세포·면역세포·골격근 세포 같은 걸 만들 수 있어. 또 지방 조직의 줄기세포는 지방세포·혈관세포·연골세포처럼 지방 조직과 관련된 세포로 자라나지.

이런 과정 덕분에 우리 몸은 스스로를 유지하고, 다친 곳을 재생할 수 있는 거야.

우리 몸의 세포는 보통 70번 정도 분열하고 재생된다고 해. 줄기세포도 마찬가지로, 계속 재생하다가 정해진 횟수를 넘으면 더 이상 기능하지 못하게 돼. 그런데 만약 기술이 발전해서 줄기세포가 이런 한계를 극복하고 계속 건강하게 기능할 수 있다면? 그럼 우리는 200살, 아니 그 이상까지 건강하게 살 수 있을지도 몰라.

요즘 특히 주목받는 줄기세포가 하나 더 있어. 바로 '역분화 줄기세포'야. 이름에서 알 수 있듯이, 이 줄기세포는 이미 모양과 기능이 정해진 세포를 다시 되돌려서, 다양한 세포로 자랄 수 있는 줄기세포로 만드는 기술이야. 배아 줄기세포는 수정란에서 얻어야 해서 윤리적인 문제가 있고, 성인 줄기세포는 분화할 수 있는 범위가 제한적이잖아. 그런데 만약 우리 몸의 일반 세포를 배아 줄기세포처럼 되돌릴 수 있다면, 이런 문제들을 해결할 수 있는 길이 열리는 거야. 물론, 아직 이 기술은 완벽하다고 말하기는 어려워. 연구가 더 필요한 단계야.

우리나라에서도 줄기세포를 채취해 치료에 활용하

고 있어. 가장 많이 사용되는 분야는 연골 치료야. 이 외에도 심현관계·신경계·대사 질환 같은 다양한 질병 치료에도 줄기세포를 이용하고 있어. 항노화 치료에도 줄기세포 기술이 쓰이고 있지. 줄기세포 기술이 더 발전하면, 앞으로 더 많은 분야에서 활용될 거라고 기대하고 있어.

줄기세포는 약물 개발과 독성 실험에도 중요한 역할을 해. 줄기세포를 이용하면 사람의 실제 세포와 비슷한 환경에서 약물 실험을 할 수 있거든. 줄기세포는 모든 종류의 세포로 자랄 수 있는 능력이 있어. 그래서 새로운 약물이 한 가지 세포에 독성을 나타내면, 다른 세포에도 독성이 나타날 가능성이 커. 이런 이유로 줄기세포는 신약 개발 과정에서도 꼭 필요한 기술로 자리 잡고 있어.

또한 과학자들은 줄기세포를 이용해 장기의 기능을 유지하거나, 장기 이식 후 거부 반응을 줄이는 방법을 찾을 수 있을 거라고 보고 있어. 특히 손상된 신경세포를 대체하거나 재생할 수 있다면, 파킨슨병이나 알츠하이머병 같은 질병을 치료할 수 있을 거라는 기대도 커.

줄기세포 기술이 앞으로 얼마나 더 발전할지, 또 어떤 분야에서 실제로 활용될지는 아직 정확히 알 수 없어.

하지만 이런 기술이 결국 사람의 수명을 연장하는 데 큰
역할을 할 거라는 건 분명해.

암에 걸리지 않는 쥐의 비밀

세포와 관련된 다양한 과학 기술 중에서 인간에게 가장
중요한 것은 질병을 치료하는 기술일 거야. 앞에서 언급
한 배양육이나 동물 복제 기술도 결국 이런 흐름과 맞닿
아 있어. 배양육이 상용화되면 환경오염을 줄일 수 있을
뿐만 아니라, 안정적인 단백질 공급도 가능해져. 이렇게
되면 기아 문제 해결에도 도움이 되고, 인류의 삶의 질과
평균 수명도 개선될 것이라고 생각해.

　동물 복제도 단순히 동물을 복제하는 데 그치지 않
아. 이 기술을 응용해서 사람의 장기를 만들어 이식할 수
있다면, 인간의 기대 수명이 크게 늘어날 가능성도 있어.
이런 과정에서는 윤리적인 문제가 계속 논란이 되겠지
만, 그건 피할 수 없는 숙제일 거야. 그리고 줄기세포의
중요성은 더 말할 필요도 없겠지?

세포 수준에서 연구를 계속한다면, 암이라는 질병도 해결할 수 있을 거라고 믿어. 실제로 많은 과학자가 2050년 즈음에는 암을 정복할 수 있을 거라고 예상하고 있어. 이에 대한 의견은 엇갈리지만 말이야.

현재 우리나라에서 사망 원인 1위는 암이야. 2023년 통계청이 발표한 자료를 보면, 우리나라에서는 사망 원인의 22.4%가 암이었다고 해. 2위가 심장 질환인데, 암으로 인한 사망은 심장 질환보다 3배 이상 비율이 높아.

암은 왜 걸리는 걸까? 옛날에는 암으로 죽는 사람이 지금보다 훨씬 적었어. 그 이유는 당시 사람들은 암에 걸릴 만큼 오래 살지 못했기 때문이기도 하고, 암을 진단할 수 있는 기술도 없었기 때문이야. 조선시대 일반 백성의 평균 기대 수명은 약 35세 이하였고, 왕들은 46.1세였다고 해. 그런데 2023년 기준으로 기대 수명이 남성 80.83세, 여성 87.23세로 평균 84.14세로 늘어났다는 걸 알 수 있지.

사람이 나이를 먹을수록 세포 분열 횟수도 늘어나는데, 이 과정에서 돌연변이도 계속 쌓여. 젊을 때는 몸이 돌연변이를 잘 찾아내고 없애는 능력이 뛰어나지만, 나이가 들면 이 능력이 점점 약해져. 돌연변이가 제대로 관리되지 못하면 그 세포들이 암세포로 변하는 거야.

　세포 수준에서 돌연변이가 생긴 세포를 죽이거나 고쳐서 암을 예방할 수 있다면, 암은 정복될 수 있고 인간의 기대 수명도 늘어날 거라는 생각이 들어. 그런데 포유류 중에서 유일하게 암에 거의 걸리지 않는 동물이 있어. 바로 '벌거숭이 두더지쥐'야.

　과거에는 이 벌거숭이 두더지쥐의 건강한 세포들이 암세포에 저항해서 암이 생기지 않는다고 생각했어. 그런데 2020년 《네이처》에 발표된 논문에 따르면, 암세포에 저항하는 게 아니라, 면역세포가 종양으로 발전하는 초기 단계에서 아예 그 성장을 막는다는 것이 밝혀졌어. 쉽게 말하면, 돌연변이가 생기는 걸 막고, 세포가 지나치게 많이 분열하는 것을 차단하는 거야. 결국 돌연변이 세포가 만들어지지 않거나, 생기더라도 바로 제거해서 더 이상 증식하지 못하게 한다면, 우리는 벌거숭이 두더지쥐처럼 암에 거의 걸리지 않고, 오래오래 건강하게 살 수 있을 거야.

벌거숭이 두더지쥐

암 정복을 향하여

돌연변이가 생긴 세포를 죽이는 방법을 이해하려면 세포
가 어떻게 죽는지를 알아야 해. 세포의 죽음에는 크게 두
가지가 있어. 하나는 '괴사', 영어로 '네크로시스'라고 불
러. 또 하나는 '세포 자멸사'로, '아폽토시스'야. 예를 들어,
어디에 부딪혀서 멍이 든 경험이 있다면, 그건 네크로시
스에 해당해. 외부에서 물리적인 충격을 받으면 세포가
손상되고 결국 죽게 되고, 이렇게 죽은 세포는 백혈구 같

은 면역세포들이 처리하게 돼.

아폽토시스는 크게 두 가지로 나눌 수 있어. 하나는 수정란이 성체로 자라는 과정에서 필요 없는 세포들이 죽는 거야. 또 하나는 수명을 다한 세포가 자연스럽게 죽는 경우야. 예를 들어, 우리 손가락도 태아일 때는 하나의 평평한 판이었어. 그런데 손가락 사이의 세포들이 아폽토시스를 통해 사라지면서 지금처럼 다섯 개의 손가락이 만들어진 거야. 초등학교 때 올챙이를 길러본 적이 있다면, 올챙이가 개구리로 변할 때 꼬리가 사라지는 걸 본 적 있을 거야. 물속에서 살 때 필요했던 꼬리는 아폽토시스를 통해 제거돼. 이처럼 필요 없어진 세포가 스스로 죽는 과정이 바로 아폽토시스야.

암에 걸린 세포를 아폽토시스로 스스로 죽게 만들 수 있다면, 이 세포는 암세포로 자라지 않으니까 암이 발병하거나 암으로 죽는 일도 크게 줄 거야. 이 방법만 제대로 찾아낸다면, 암뿐만 아니라 자가면역질환이나 알츠하이머 같은 질병도 극복할 수 있을 거라고 생각해.

다음으로는 돌연변이가 생긴 세포를 고치는 방법을 설명할게. 이때 필요한 기술이 바로 유전자 편집 기술이야. 유전자 편집을 이용해 돌연변이가 생긴 부분을 정확히 고치고, 늙은 세포를 다시 젊은 세포처럼 되돌릴 수 있다면, 암 발생 자체를 줄일 수 있어. 이미 생긴 암세포가 다시 증식하는 것도 막을 수 있지.

이런 기술은 코로나19 백신을 만들 때도 사용됐어. 특히 mRNA 백신이 바로 이 원리를 바탕으로 만들어진 거거든. 그래서 이 기술을 응용해 암 치료에 쓰는 경우, '암 백신'이라고 부르기도 해. 다만 우리가 흔히 아는 백신처럼 암을 미리 예방하는 개념보다는 암 재발을 막는 치료법에 더 가깝다고 보면 돼.

암세포는 보통 면역세포가 자신을 암세포로 인식하지 못하도록 속여서 계속 자라게 돼. 그런데 만약 면역세포가 이런 속임수에 넘어가지 않도록 만들 수 있다면, 이미 암이 생긴 뒤에도 면역세포가 암세포를 제거할 수 있을 거야. 그래서 실제로 암 환자의 몸에서 암세포를 찾아내는 면역세포를 추출한 뒤, 실험실에서 대량으로 배양해 다시 몸속에 투여하는 방법이 있어. 이런 치료법을 '면역항암제'라고 불러.

이처럼 장기 이식·줄기세포·암 백신·면역 항암제 같

은 세포 수준의 첨단 기술들은, 인간의 질병을 줄이고 기대 수명을 높이는 데 큰 역할을 할 수 있을 거라고 생각해.

오가노이드로 열리는 새로운 세상

새로운 약을 만들려면 여러 복잡한 과정을 거쳐야 해. 먼저 신약 후보 물질을 찾아야 하고, 그다음에는 임상시험을 총 세 단계에 걸쳐 진행해야 해. 이때 보통 동물을 이용해 부작용·독성·효과 등을 확인하는데, 문제는 이 과정에서 정말 많은 동물이 희생된다는 거야. 더 큰 문제는, 힘들게 개발해도 신약 후보 물질 중에서 실제로 효과와 안전성이 인정돼 신약 승인까지 받는 경우가 10%도 안 된다는 거지. 약이 승인되었다고 해도, 사람마다 효과가 다르게 나타나는 것도 해결해야 할 문제야.

하지만 이런 문제들을 해결할 수 있는 방법이 생겼어. 바로 세포 배양을 통해 만든 '유사장기' 기술이야. 유사장기는 '오가노이드'라고 부르는데, 2009년에 네덜란드에서 처음 만들어졌어. 오가노이드는 줄기세포를 3차

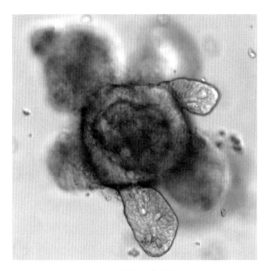

소장 상피 유사장기

원으로 배양해서 실제 몸속 장기와 구조와 기능이 비슷한 작은 장기 모델을 만드는 기술이야. 그래서 '미니 장기 모델'이라고도 부르지. 이 기술 덕분에 간·신장·뇌·장 같은 다양한 인체 장기의 오가노이드를 만들 수 있어. 특히 이렇게 만들어진 오가노이드는 실제 장기와 매우 비슷한 특성을 갖고 있어서, 신약 개발이나 질병 연구에 중요한 도구로 쓰이고 있어.

오가노이드가 어떻게 활용되는지 좀 더 자세히 설명

해 줄게. 생각보다 정말 다양한 분야에서 쓰이고 있어서 알고 나면 놀랄 거야.

먼저, 약물 개발에 엄청 유용해. 새로운 약을 만들 때, 동물 실험 전에 오가노이드로 먼저 테스트해 볼 수 있어. 예를 들어, 간 오가노이드를 이용해 간 질환 치료제를 개발하거나, 심장 오가노이드로 심장 약의 효과와 부작용을 확인하는 식이야. 이렇게 하면 동물 실험을 줄일 수 있고, 무엇보다 사람 세포로 만든 오가노이드를 사용하니까 인체와 더 비슷한 결과를 얻을 수 있어. 이런 점에서 오가노이드는 신약 개발 과정에서 큰 도움이 돼.

질병 연구에서도 오가노이드는 정말 많이 활용돼. 오가노이드를 만들어 병이 어떻게 진행되는지 관찰할 수 있거든. 이렇게 하면 질병의 원인과 진행 과정을 더 정확히 이해할 수 있지. 예를 들어, 암 세포가 어떤 과정을 거쳐 변하는지, 어떤 치료법이 가장 효과적인지를 확인하는 데 큰 도움이 돼.

개인 맞춤 치료에도 활용돼. 환자 본인의 세포로 오가노이드를 만들어서 그 환자에게 가장 잘 맞는 치료법을 찾는 거야. 특히 암 환자에게 어떤 항암제가 가장 효과적인지 미리 알아볼 수 있어서 정말 유용해. 이렇게 각 환자에게 딱 맞는 치료를 하면, 치료 효과는 더 높아지고 부작용도 줄일 수 있어.

유전자 편집 연구에도 오가노이드가 쓰여. 특정 유전자가 질병에 어떤 영향을 주는지 연구할 때 오가노이드를 이용해서 실험할 수 있어. 유전자를 일부러 바꾼 다음, 오가노이드가 어떻게 변하는지를 관찰하면서 새로운 치료법을 찾는 데도 활용되고 있어. 이런 연구를 통해 질병의 원인을 더 잘 이해할 수 있고, 그에 맞는 효과적인 치료법을 개발하는 데 큰 도움이 되는 거야.

마지막으로, 환경 독성 연구에도 활용돼. 우리 주변에 있는 독성 물질이나 화학 물질이 우리 몸에 어떤 영향을 주는지 알아볼 수 있어. 예를 들어, 장 오가노이드를 이용해서 식품첨가물이 우리 몸에 미치는 영향을 연구할 수 있어. 이렇게 하면 우리가 먹는 음식이나 사용하는 물질들이 몸에 얼마나 안전한지를 미리 확인할 수 있어서, 더 건강하고 안전한 선택을 하는 데 큰 도움이 돼.

이처럼 오가노이드는 의학·약물 개발·개인 맞춤 치료 등 정말 다양한 분야에서 중요한 역할을 하고 있어. 과학 기술이 발전할수록 오가노이드를 활용해 할 수 있는 일들이 점점 더 많아질 테니, 앞으로가 정말 기대돼!

지금까지 세포에 관한 다양한 이야기를 나눴는데, 어땠어? 읽으면서 조금 어려운 부분도 있었을 거야. 하지만 세포가 어떤 구조로 이루어져 있는지, 세포의 종류는 무엇이 있는지, 세포가 어떻게 분열하는지, 그리고 세포가 우리 삶과 얼마나 관련이 깊은지를 명확하게 알게 된 시간이었을 거야. 앞으로 누군가 "세포 하면 뭐가 떠올라?"라고 물어본다면, 이제는 자신 있게 대답할 수 있는 단어들이 훨씬 많아졌을 거라고 생각해.

엔비디아의 CEO 젠승 황은 다음 세대에 가장 중요한 기술로 생명과학과 생명공학을 꼽았어. 디지털 기술의 기술의 선두에 서 있는 그가, 인공지능을 활용해 신약을 개발하는 등 AI를 활용한 생명공학 기술이 가장 유망하다고 강조한 거야. 이와 같은 생명공학 발전의 중심에는 지금까지 우리가 배운 세포가 있다는 점, 절대 잊지 마!

틈새 토론

줄기세포로 복제 인간을 만들어도 될까?

복제 인간에 대한 연구는 전 세계적으로 금지되고 있지만 여전히 논의되고 있다.

찬성

의료 발전과 과학 연구를 위해서는 필요해.

반대

윤리적 문제와 사회적 혼란을 일으킬 수 있어.

생각 TIP

인간 복제 기술이 의료 분야에서 어떻게 쓰이게 될까?

줄기세포를 이용한 복제 기술이 실제로 사용된 적이 있을까?

복제 기술이 악용될 가능성은 없을까?

마음대로 유전자를 편집해도 될까?

찬성 근거

1) 현재 장기 기증자는 부족하고, 면역 거부 반응이 문제야. 복제된 장기는 유전적으로 동일해서 거부 반응 없이 이식할 수 있어. 유전 질환 환자에게 맞춤형 치료도 제공할 수 있지.

2) 복제 양 돌리로 복제 기술이 가능하다는 것이 증명되었어. 앞으로 복제 기술이 발전하면 노화 방지, 유전자 연구, 희귀 질환 치료 등 더 많은 분야에서 혁신적인 발전을 이룰 거야.

반대 근거

1) 특정 인물(예: 천재 과학자, 운동선수)을 반복적으로 복제는 시도가 이루어지는 등 복제 기술이 악용되면 사회의 균형이 깨질 수 있어.

2) 유전자를 마음대로 조작하면 특정 유전자가 우월하다고 여겨질 우려가 있어. 다양성이 줄어들고 사회적 불평등이 생길 수 있지.

사진 출처

61쪽 Kitmondo Marketplace / wikimedia
112쪽 FrDr / wikimedia

다른 인스타그램

뉴스레터 구독

오 도 독 ː 08

세포의 세계는 굉장해
세포의 구조부터 질병 치료 기술까지

초판 1쇄   2025년 3월 17일

지은이   김경민

펴낸이   김한청
기획편집   원경은 차언조 양선화 양희우 유자영
마케팅   정원식 이진범
디자인   이성아 황보유진
운영   설채린

펴낸곳 도서출판 다른
출판등록 2004년 9월 2일 제2013-000194호
주소 서울시 마포구 동교로 27길 3-10 희경빌딩 4층
전화 02-3143-6478   팩스 02-3143-6479   이메일 khc15968@hanmail.net
블로그 blog.naver.com/darun_pub 인스타그램 @darunpublishers

ISBN 979-11-5633-670-9 44000
      979-11-5633-579-5 (세트)

다른 생각이
다른 세상을 만듭니다